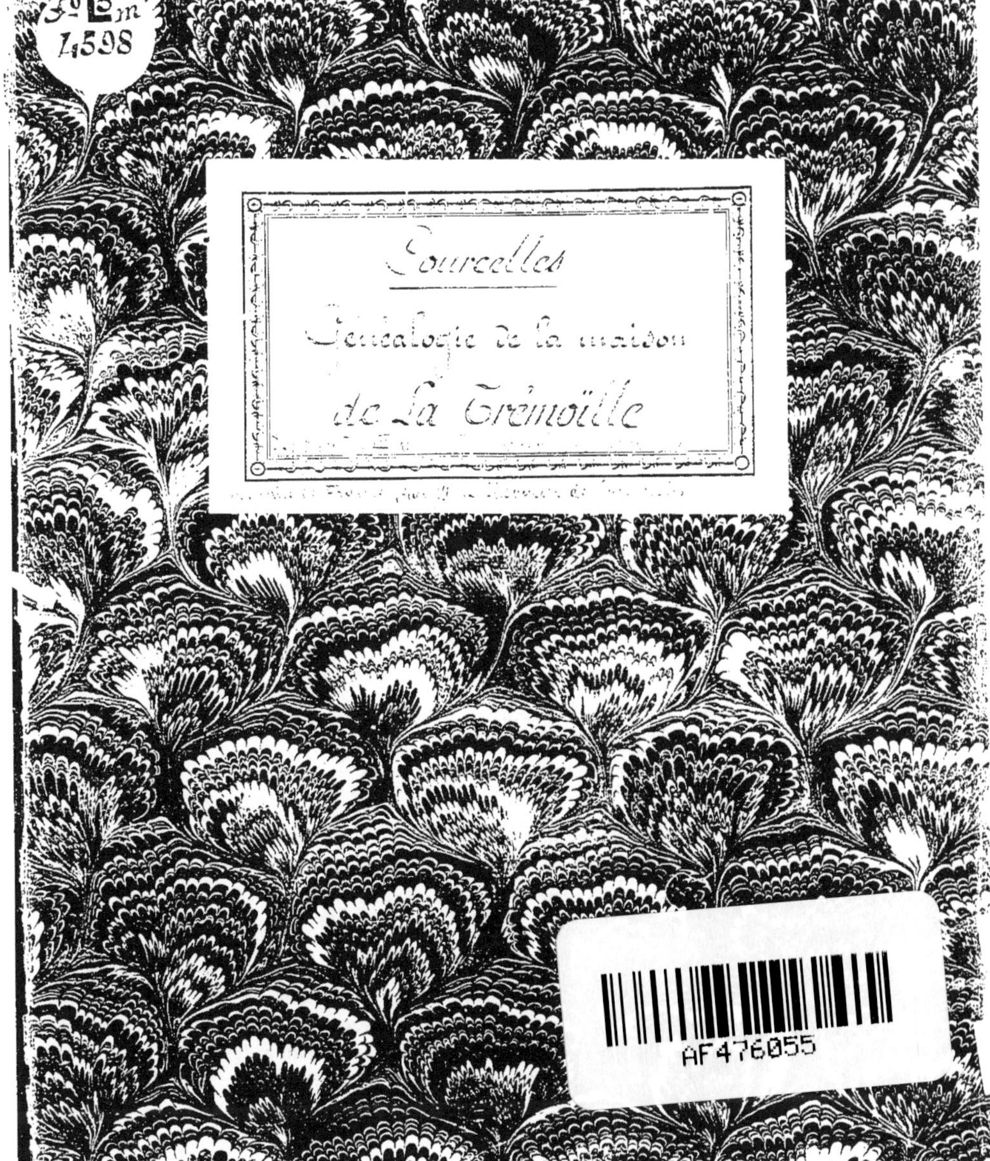
Courcelles
Généalogie de la maison
de La Trémoïlle

DE LA TRÉMOÏLLE,

SIRES OU BARONS DE LA TRÉMOILLE, D'APREMONT, DE BOURBON-LANCY, DE CHATEAU-GUILLAUME, DE CRAON, DE JONVELLE, DE L'ISLE-BOUCHARD, DE MAREUIL, DE LA MOTHE-ST.-HÉRAY, DE ROCHEFORT, DE SAINTE-HERMINE, DE SEMBLANÇAY, DE SULLY, DE VITRÉ; VICOMTES DE BROSSE, DE MARCILLÉ, DE RENNES, DE TOURS; COMTES D'APREMONT, DE BOULOGNE, DE BENON, DE GUINES, DE JOIGNY, DE LAVAL, DE LIGNY, DE MONTFORT, D'OLONNE; MARQUIS D'ATTICHY, D'ESPINAY, DE ROYAN; PRINCES DE TALMONT, DE MORTAGNE, DE TARENTE; DUCS DE THOUARS, DE LOUDUN, DE NOIRMOUTIER, DE ROYAN, DE CHATELLERAULT, DE TAILLEBOURG; PAIRS DE FRANCE, etc.

ARMES : *Écartelé, au 1 d'azur, à 3 fleurs de lys d'or, qui est* de France; *au 2 contre-écartelé en sautoir, en chef et en pointe d'or, à quatre vergettes de gueules, et en flancs d'argent, à l'aigle de sable, qui est* d'Aragon, Naples; *au 3 d'or, à la croix de gueules, chargée de cinq coquilles d'argent, et cantonnée de seize alérions d'azur, qui est* de Laval; *au 4 d'azur, à trois fleurs de lys d'or, au bâton de gueules péri en bande, qui est* de Bourbon. *Sur le tout d'or, au chevron de gueules, accompagné de trois aiglettes d'azur, becquées et membrées de gueules, qui est* de la Trémoïlle. *Tenants : deux anges. L'écu timbré d'une couronne royale fermée et croisetée, et environné du manteau de pair, sommé de la couronne de duc.*

La maison DE LA TRÉMOILLE (1) doit à huit siècles de splendeur et d'illustrations politiques le rang qu'elle tient dans l'ordre de la noblesse française. Elle a pris son nom de la baronnie ou sirerie *de la Trémoïlle*, ancien fief du domaine des

(1) Le nom de cette maison se prononce *la Trémouille*, et est orthographié

premiers comtes héréditaires de Poitou, située sur les frontières de la Marche, près Montmorillon et Belabre, et dont le démembrement paraît remonter à la fin du dixième siècle, temps auquel les cadets des maisons souveraines et puissantes commencèrent à prendre et à perpétuer le nom de leur apanage. Une charte, que cette maison conservait dans ses archives, en partie brûlées, perdues ou dispersées lors des troubles de la Vendée et des diverses occupations de Thouars par les troupes républicaines, prouvait littéralement cette illustre origine, en établissant sa filiation depuis Guillaume III, comte de Poitou, qui régna de 990 à 1029, jusqu'à Pierre Ier. du nom, sire de la Trémoïlle, qui vivait en 1040, et fut le fondateur de cette maison.

Les sires *de la Trémoïlle*, hauts barons ou grands feudataires des comtes de Poitou, ont toujours été appelés dans les conseils de ces princes ou à la tête de leurs armées. Plus tard on les voit figurer avec éclat, et acquérir à leur nom une célébrité durable, dans les hautes charges diplomatiques et militaires à la cour des ducs de Bourgogne et à celle des rois de France. Les services multipliés et considérables qu'ils n'ont cessé de rendre à la monarchie depuis le règne de Louis-le-Jeune, leur ont acquis sous les successeurs de ce monarque une grande influence sur les affaires publiques, et leur ont mérité d'antiques et glorieuses distinctions. Telles sont, entr'autres, la dignité de premier duc à la cour, depuis 1563, et l'investiture de la quatrième pairie du royaume, érigée sur le duché de Thouars, en 1595, par le roi Henri IV. Cette maison tenait dès-lors par ses alliances à plusieurs têtes couronnées, et ses titres constatent que, depuis plus de quatre cents ans, les sires de la Trémoïlle sont qualifiés du titre de *cousins* par nos rois, ainsi que par les princes du sang issus des branches d'Alençon, de Bourgogne, de Berry et de Bourbon. Les archiducs d'Autriche, les rois d'Espagne les comtes et ducs de Savoie, les ducs de Milan et plusieurs autres maisons souveraines les qualifiaient du même titre.

Par suite d'un mariage contracté, en 1521, par François de la

---

la Trimouille dans les titres antérieurs au seizième siècle et dans la plupart des anciennes chroniques.

Trémoïlle, prince de Talmont, avec l'héritière des comtes de Laval et de Montfort, née du mariage de Gui XVI, comte de Laval, et de Charlotte d'Aragon, princesse de Tarente, fille de Frédéric III, roi de Naples, la maison de la Trémoïlle est devenue, en 1605, héritière des droits reconnus les plus immédiats et les plus légitimes à la possession du royaume de Naples; et l'usurpation de Ferdinand-le-Catholique, consacrée par une bulle du pape Jules II, du 3 juillet 1510, a pu seule lui ravir un trône qui lui était dévolu par les droits de successibilité établis dans le royaume de Naples. C'est en vertu de ces droits souverains (droits qu'elle a été autorisée par nos rois à revendiquer aux congrès de Munster, en 1643, de Nimègue, en 1674, de Ryswick, en 1697, d'Utrecht, en 1712, de Bade, en 1714, et d'Aix-la-Chapelle, en 1748), que la maison de la Trémoïlle jouissait à la cour, avant la révolution, du rang et des honneurs de *prince étranger*, et du titre d'*altesse*. Le fils aîné de la branche ducale de Thouars a toujours porté le titre de *prince de Tarente*, qui était autrefois celui du prince royal de Naples.

I. Pierre Ier., du nom, sire DE LA TRÉMOÏLLE, vivait sous le règne de Henri Ier., roi de France (sacré en 1027, et décédé en 1060). Il souscrivit, vers l'an 1040, une charte de manumission avec Guillaume VI, duc de Guienne et comte de Poitou, Geoffroi, frère de ce prince, Adelard de Château-Gontier, Géraud de Vouvent, Auger de Doué, et Foucher de Vendôme. (*Cartulaires de Saint-Aubin d'Angers et de la Trinité de Vendôme.*) Pierre Ier. eut pour fils :

1°. Guillaume, sire de la Trémoïlle, qui souscrivit, avec Géraud, son frère, une charte donnée, vers l'an 1070, par Geoffroi, comte de Poitou et duc de Guienne, en faveur de l'église de Saint-Hilaire-le-Grand de Poitiers, à laquelle il accorda la restitution de l'église de Quincé;

2°. Géraud de la Trémoïlle, vivant vers l'an 1070;

3°. Audebert Ier., dont l'article suit;

4°. Josbert de la Trémoïlle, mentionné dans une charte de Saint-Jean-d'Angély, vers l'an 1084, avec Guillaume VII, duc de Guienne et comte de Poitou, Bertrand de Varaize, Guillaume, vicomte d'Aunay, Guillaume de Mastas et Geoffroi de Niort.

II. Audebert, Ier. du nom, sire DE LA TRÉMOÏLLE, chevalier, seigneur de Lussac-les-Eglises et de Villesalem, fondateur du prieuré de ce nom, suivant une charte de l'an 1089, par laquelle il céda aux religieuses de Fontevrault la justice haute et basse de Villesalem, se rendit arbitre d'un accord passé entre l'abbé de Saint-Pierre de Poitiers et l'abbesse de Fontevrault, qui donna au sire de la Trémoïlle et à *Pasquette*, son épouse, un marc d'argent et un manteau de fourrure. Pierre, évêque de Poitiers, confirma ce concordat, en 1109, en présence de ces deux époux, qui furent inhumés à Villesalem. (*Besly, p. 407; Cartulaires des abbayes de Fontevrault et de Fontgombaut et du prieuré de Villesalem.*) Audebert Ier. fut père de Gui, qui suit.

III. Gui Ier. du nom, sire DE LA TRÉMOÏLLE, chevalier, qualifié *valeureux chef de guerre* dans un titre de l'an 1098, extrait du cartulaire de l'abbaye de Saint-Remy de Reims, qu'il avait fait rebâtir, a[illegible]t accompagné Godefroi de Bouillon, en 1096, à la conquête de la Terre-Sainte. Vers l'an 1140, Gui Ier. confirma à Isaac, abbé de l'Etoile, les dons que ses ancêtres avaient faits à cette abbaye. (*Cart. des abbayes de Saint-Remy de Reims et de l'Etoile*; *histoire de la maison d'Auvergne, par Justel.*) Il laissa Guillaume Ier., qui suit.

IV. Guillaume, Ier. du nom, sire DE LA TRÉMOÏLLE, de Palanges, de Lussac et de Mainac, fit don de cette dernière terre à la Maison-Dieu de Montmorillon, vers 1149, du consentement de *Melissende*, son épouse, et de ses deux fils aînés. Cette dame, après la mort de son mari, confirma cette donation, et y ajouta l'émancipation à perpétuité de tous les hommes qui viendraient s'établir dans la terre de Mainac, de quelque lieu qu'ils fussent, excepté du fief (de *l'honneur*) de la Trémoïlle. Cette seconde charte sert à fixer à peu près le temps de la première donation, en ce qu'elle rappelle qu'elle avait été faite par Guillaume, sire de la Trémoïlle, à son retour de Jérusalem, et l'on sait que ce seigneur avait accompagné Louis-le-Jeune dans cette expédition en 1147. Melissende fit encore don, vers 1160, au même hospice de Montmorillon de la terre de Palanges, au comté de la

Marche ; avec quelques moulins et droits de pêche. (*Cart. de Montmorillon.*) Guillaume II en eut six fils :

1°. Guillebaud, dont l'article suit ;
2°. Guillaume de la Trémoïlle, qui fit un don à Montmorillon peu avant le voyage de Louis-le-Jeune à la Terre-Sainte ;
3°. Thibaut de la Trémoïlle, nommé, avec ses frères, dans le Cartulaire de Montmorillon, comme un des bienfaiteurs de cette abbaye ;
4°. Hugues de la Trémoïlle, seigneur de Martreuil et de Champ-Trémoïlle, qui souscrivit un acte, approuvé par *Marguerite*, son épouse, par lequel Guillaume, seigneur de Langle, en Poitou, fit don du bois de Gastine à l'abbaye de la Mercy-Dieu. Il eut pour fils :
Jean de la Trémoïlle, seigneur de Martreuil et de Champ-Trémoïlle, qui, de concert avec son père, fit don de ces deux seigneuries à l'aumônerie de Montmorillon ;
5°. Humbert de la Trémoïlle, } mentionnés dans le Cartulaire de Mont-
6°. Pierre de la Trémoïlle, } morillon.

V. Guillebaud, sire DE LA TRÉMOÏLLE, de Lussac, etc., est nommé le premier dans les actes passés par Guillaume II, son père, et Melissende, sa mère. Vers 1170, Guillebaud combattit contre Bernard, seigneur de Montmorillon, qui voulait le contraindre à lui faire hommage. Plusieurs seigneurs puissants s'engagèrent dans cette querelle, et Giraud de Montfort y périt (*Cart. de Montmorillon.*) Il laissa : N...

1°. Audebert II, qui suit ;
2°. Guillaume de la Trémoïlle.

VI. Audebert, II°. du nom, sire DE LA TRÉMOÏLLE, des Ormes, de Lussac, etc., donna, vers 1180, de concert avec Guillaume de la Trémoïlle, son oncle, les terres et borderies de Deux-Tisons et d'Escurol à l'Hôtel-Dieu de Montmorillon. Cet acte fut souscrit par Giraud de Brosse, Geoffroi du Pin, Thibaud Jousserand, Ranulphe Derramat et Giraud de Lussac. (*Cart. de Montmorillon*.) N...
Audebert II en eut six fils :

1°. Humbert, dont l'article viendra ;
2°. Pierre de la Trémoïlle, chevalier, seigneur des Ormes, qui par charte de l'an 1215, donna en perpétuelle aumône aux religieux de la Colombe, ses sujets de la terre des Ormes, ainsi que l'eau qui passait par leur couvent ;

3°. Audebert de la Trémoïlle,
4°. Amiel de la Trémoïlle,
5°. Geoffroi de la Trémoïlle,
qui paraissent, dans plusieurs chartes, comme bienfaiteurs de l'église de Montmorillon;

6°. Thibaut de la Trémoïlle, qui suivit le roi saint Louis à la Terre-Sainte, en 1248, et périt à la bataille de la Massoure, le 8 février 1250. Du Bouchet lui donne pour femme Alix *de Castro*, qui, selon Texera, était venue d'Espagne, en 1214, avec la reine Blanche de Castille, mère de saint Louis. Il eut trois fils:

A. Imbert de la Trémoïlle,
B. N.... de la Trémoïlle,
C. N.... de la Trémoïlle,
tués à la bataille de la Massoure le 8 février 1250. Du Bouchet donne pour femme à Imbert, Jeanne *de Châlons*, issue des ducs de Bourgogne.

VII. Humbert, sire DE LA TRÉMOÏLLE, de Château-Guillaume, d'Abaron, de Lussac, etc., fit don, en 1205, à l'Hôtel-Dieu de Montmorillon de la terre d'Abaron, du consentement de Pierre, Amiel, Audebert et Thibaut de la Trémoïlle, ses frères. Il épousa Mathilde, dame DE CHATEAU-GUILLAUME, veuve de N..., seigneur de Dommone, chevalier, laquelle fut inhumée, en 1240, en l'église de la Colombe, près de Guillaume de la Trémoïlle, son fils aîné. (*Cart. de Montmorillon et de la Colombe.*) Humbert laissa cinq fils et deux filles:

[Château-Guillaume:]

1°. Guillaume, sire de la Trémoïlle et de Château-Guillaume, qui scella du sceau de ses armes un acte de l'abbaye de la Colombe, de l'an 1219, par lequel il pacifia le différend qui s'était élevé entre Geoffroi Paumud, chevalier, et les moines de ce lieu, auxquels il fit don de la terre de Bernier. Il mourut avant l'an 1240;

2°. Audebert III, qui continue la descendance;

3°. Amiel de la Trémoïlle, seigneur de Telleis et en partie de Lussac-lès-Églises, qui fit don de 60 sous de rente à l'abbaye de la Colombe, en 1229, à charge par les religieux de faire bâtir une chapelle où l'on célébrerait tous les jours une messe pour le repos des âmes de ses père et mère et de ses ancêtres. Il mourut avant 1257, n'ayant eu qu'une fille, nommée;

Agathe de la Trémoïlle, dame d'Angle et de Lussac, femme, avant 1261, de Guillaume *de Lezay*, chevalier;

4°. Guillebaud de la Trémoïlle, seigneur de Châteauvieux, de la Faye et en partie de Lussac, marié avec Fère *de Razès*, fille d'Hélie, seigneur châtelain de Razès, chevalier. Elle fit son testament en 1231, mourut la même année, et fut inhumée en l'abbaye de Grandmont, à laquelle

elle avait fait plusieurs dons qui furent confirmés et augmentés par son mari. Ils eurent un fils cité dans un titre de l'abbaye de la Colombe ;

5°. Gui de la Trémoïlle, co-seigneur de Lussac, qui céda, en 1214, à l'abbé de la Colombe tout ce qu'il pouvait prétendre du chef de ses ancêtres, en la terre de Bernier, au comté de la Marche, et lui donna la dîme de Laignac et plusieurs autres droits, en présence de Guillaume Chevreuil, de Pierre de Vouhec et de plusieurs autres chevaliers ;

6°. N . . . . . de la Trémoïlle, femme de Geoffroi *de Preuilly*, IIIe. du nom, fils d'Eschivard II, seigneur de Preuilly et de la Roche-Sozay, chevalier ;

7°. N. . . . . de la Trémoïlle, femme de N. . . . ., seigneur *d'Azay*, en Poitou, chevalier.

VIII. Audebert, IIIe. du nom, chevalier, sire DE LA TRÉMOÏLLE, de Château-Guillaume, de Lussac, de Preissac et de Rocheblond, sénéchal de la Marche, a cette dernière qualité dans un titre de l'abbaye de Saint-Cyprien de Poitiers, de l'an 1239. Il fut exécuteur du testament de Mathilde, sa mère, avec Geoffroi, seigneur de Dommone, chevalier, son frère utérin. Désirant être ensevelis dans l'abbaye de la Colombe, ces deux seigneurs fondèrent cent sous de rente à prélever sur la terre de la Roche-Sozay, par charte du mois d'août 1240, qu'Audebert III scella du sceau de ses armoiries. Il fit deux testaments, le premier avant la fête de l'Invention de Saint-Etienne 1247, et le second le vendredi après l'Assomption 1260 ; légua son palefroi à Audebert Godet, chevalier; institua ses légataires Geoffroi de Vouhec, chevalier, et Ascaline, sa sœur ; donna à *Herminie*, épouse de lui, testateur, sa maison de Rocheblond, avec ses biens meubles, et nomma pour ses exécuteurs testamentaires l'abbé de la Colombe, et Gui d'Azay, son neveu. Ayant survécu à ce testament et à sa première épouse, Audebert III s'allia en secondes noces avec *Aliénor*, laquelle fit son testament dans l'octave de la Nativité de Jésus-Christ 1262, et fut inhumée à la Colombe. (*Cart. des abbayes de Saint-Cyprien et de la Colombe.*) Du premier lit sont issus : (1)

N . . . .

N . . . .

1°. Gui II, dont l'article suit ;

2°. Pierre de la Trémoïlle, qualifié chevalier en 1262 ;

(1) Scévole de Sainte-Marthe, dans l'*Histoire généalogique de la maison de la Trémoïlle*, qu'il a publiée en 1668, in-12, p. 88, et après lui le P. Anselme,

3°. Guillaume de la Trémoïlle, qui était marié en 1258, et ne vivait plus en 1268. Il laissa :

Alix de la Trémoïlle, nommée dans une lettre d'Alfonse, fils de France, comte de Poitou et duc de Guienne, de l'an 1269;

4°. N..... de la Trémoïlle, femme de Gui *de Pocquières*, chevalier, seigneur en partie de la Trémoïlle, du chef de sa femme, ainsi qu'il paraît par un titre du prieuré de Villesalem, de l'an 1290.

IX. Gui IIe du nom, sire DE LA TRÉMOÏLLE, de Château-Guillaume et de Lussac, chevalier, a cette qualité et celles de feudataire et d'homme-lige du prince Alfonse, comte de Poitou et duc de Guienne, dans un registre d'hommages du comté de Poitou de l'an 1269. Dès l'an 1261, il avait eu un différend avec les religieuses du prieuré de Villesalem, à raison de la justice haute et basse de ce lieu et de quelques villages voisins. (*Cart. de*
N . . . . . *Fontecrault et de Villesalem.*) Gui II vivait encore en 1301, et laissa deux fils :

1°. Gui III, dont l'article suit;

2°. Geoffroi de la Trémoïlle, chevalier, seigneur du Bois de la Carte, qui épousa Jeanne *de Couhé*, fille d'Emery de Couhé, chevalier, de laquelle il eut:

Désirée de la Trémoïlle, qui fut présente à un acte de l'an 1321, par lequel Geoffroi de la Trémoïlle donna le bois de la Carte à Geoffroi Vernon, chevalier.

X. Gui, IIIe. du nom, sire DE LA TRÉMOÏLLE, de Château-Guillaume, de Lussac et de Rochefort en Berry, est nommé dans un ancien rôle des nobles qui relevaient de la châtellenie de Montmorillon, vers l'an 1316, avec le vicomte de Brosse et plusieurs autres seigneurs. Lui et sa femme, dont le nom n'est pas connu, furent inhumés dans l'abbaye de la Colombe, ainsi qu'on le voit par le testament de Gui IV, leur fils aîné. (*Trésor des chartes du*
N . . . . . *roi et Cart. de l'Abbaye de la Colombe.*) Gui III eut deux fils :

1°. Gui IV, dont l'article suit;

---

disent les enfants qui suivent, issus d'Aliénor et non d'Herminie, sans doute sur ce qu'Aliénor, en nommant Gui et Pierre de la Trémoïlle, ses exécuteurs testamentaires, les nomme *ses fils*. Ces historiens n'ont pas fait attention que le mariage de cette seconde femme d'Audebert a dû être postérieur à l'année 1260.

2°. Guillaume de la Trémoïlle, seigneur de Rochefort en Berry, dont il rendit hommage, en 1341, à Pierre de Naillac, chevalier, seigneur du Blanc. Il fut père de :

A. Guillaume de la Trémoïlle, seigneur de Rochefort, mort sans enfants, et inhumé dans l'église de Sauzelles, en Berry, près de la tombe de sa sœur ;

B. Aiglantine de la Trémoïlle, dame de Rochefort, femme, en 1350, de Pierre *d'Aloigny*, chevalier, seigneur de la Millandière en Poitou. Ils se firent un don mutuel, le 27 septembre 1374. Aiglantine fit son testament en 1380, et vécut jusques vers l'an 1410. Elle s'était remariée, 1°. avec N.... *du Puy* ; 2°. avec Louis *du Breuil*, chevalier.

XI. Gui IVe. du nom, sire DE LA TRÉMOÏLLE, de Vouhec, de Vazois, de Château-Guillaume, de Lussac, de la Fosse-Saint-Michel, de Preissac, de Lignac, etc., rendit hommage de la terre de Château-Guillaume, en 1321, au cardinal d'Aux, évêque de Poitiers, et paya un besant d'or pour le devoir de cette terre envers la baronnie d'Angle. Il accorda de nouveaux bienfaits à l'abbaye de la Colombe, en 1326 et 1353. Le premier de ces dons fut fait lors de son départ pour la Lombardie. Le sceau de ses armoiries est appendu à ces deux actes, aussi bien qu'au premier testament qu'il fit en 1327. Il en fit un second en 1351, et mourut le 14 octobre 1360. Il avait épousé, en 1135, Alix DE VOUHEC, fille unique et héritière de Guillaume, seigneur de Vouhec, de Fontmerand et de Vazois, chevalier, laquelle mourut le 2 juillet 1361, et fut inhumée à la Colombe, à côté de son mari, en une tombe sur laquelle ils étaient représentés en relief. (*Trésor des chartes de l'église de Poitiers et Cart. de la Colombe.*) De ce mariage sont issus :

DE VOUHEC : d'azur, au chevro d'argent, accompagné de 3 fleurs lys d'or.

1°. Gui V, qui va suivre ;

2°. Amiel de la Trémoïlle, auteur de la branche des *seigneurs de Fontmorand*, mentionnée plus loin ;

3°. Blanche de la Trémoïlle, à laquelle son père, en 1327, assigna une dot pour se marier ;

4°. Plusieurs filles destinées par leur père à prendre le voile.

XII. Gui DE LA TRÉMOÏLLE, V[e] du nom, seigneur de Lussac, de Vazois, etc., fut nommé par le roi Jean grand panetier de

France, en considération des services importants qu'il avait rendus à ce prince. (*André Duchêne, Histoires de Montmorency et de Béthune.*) Il est cité avec cette qualité dans un arrêt du parlement de Paris de 1353. Gui V mourut avant son père, à Loudun, le 18 août 1350, et fut inhumé en l'abbaye de la Colombe. Il avait épousé Radegonde GUENAND, fille de Guillaume Guenand II, chevalier, seigneur des Bordes et du Blanc, en Berry, et de Brunissende de Thiern. Elle se remaria avec Guillaume Pot, chevalier, seigneur de la Prugne et de la Roche de Nolay, mourut le 12 décembre 1387, et fut inhumée à côté de son premier mari, qu'elle avait rendu père de :

GUENAND : ..., à 3 fasces et ...emies de gueu- ... accolées en fas-

1°. Gui VI, dont l'article suit ;

2°. Guillaume II de la Trémoïlle, auteur de la branche des *seigneurs d'Uchon, comtes de Joigny*, rapportée plus loin ;

3°. Pierre II de la Trémoïlle, auteur de la branche des *barons de Dours*, mentionnée en son rang.

XIII. Gui, VIe. du nom, sire DE LA TRÉMOÏLLE, de Sully, de Craon et de Jonvelle, comte de Guines, baron de Dracy, de Sainte-Hermine et de Mareuil, seigneur de Courcelles, de Conflans-Sainte-Honorine, de Montigny, de Ruffey, de Bières, de Villiers, de Brillac, de Rochemeon, de Château-Guillaume, de Mailiebrun, de Saint-Loup et de Beaumont en Vaux, porte-oriflamme de France, conseiller et chambellan du roi, premier et grand chambellan héréditaire de Bourgogne, fut un des plus illustres et des plus puissants seigneurs de son temps, et mérita par ses exploits le surnom de *vaillant chevalier*. Il était déjà parvenu à cette dignité militaire dès l'an 1370. En 1377, il suivit le roi Charles V en Picardie, et commanda une compagnie de cinquante hommes à la prise d'Ardres sur les Anglais. En 1379, il accompagna Philippe-le-Hardi, duc de Bougogne, qui l'honorait d'une affection particulière, lors du secours que ce prince conduisit au comte de Flandre, son beau-père, dont les sujets avaient pris les armes pour soutenir leur révolte. En 1380, le sire de la Trémoïlle marcha avec les ducs de Bourgogne et de Bourbon au secours de la ville de Troyes, menacée par les Anglais. En 1381, il acquit de Gautier de Musigny la charge de grand-chambellan héréditaire de Bourgogne, dont il rendit aussitôt hommage au duc (1). Appelé par le roi Charles VI pour seconder ce monarque, en 1382, dans la guerre contre les Flamands, il franchit le premier les fossés de la place de Bourbourg. La même année, il reçut des mains du roi l'oriflamme, en l'église de Saint-Denis, et la porta dans la campagne contre les Anglais. Il fut choisi, l'année suivante, avec le connétable de Clisson et plusieurs autres seigneurs, comme médiateurs, pour ramener à l'obéissance les habitants de Paris, qui s'étaient soulevés pendant le voyage de Charles VI en Flandre. Il fut ensuite député, avec l'archevêque de Cologne, le duc de Lorraine et le sire de Coucy, pour terminer les différends qui s'étaient élevés entre Guillaume VI, comte de Juliers, et la duchesse de Brabant. En 1384, le sire de la Trémoïlle fut un des plénipotentiaires envoyés à Calais pour conférer sur les préliminaires de la paix avec la Grande-Bretagne. Sa valeur n'était pas moins renommée dans les pays étrangers, que sa sagesse et son habileté dans les conseils. Pierre de Courtenay, célèbre chevalier anglais, jaloux de se mesurer avec un homme de son mérite, passa exprès la mer pour venir le défier au combat. La Trémoïlle reçut de Charles VI l'autorisation d'accepter ce défi. Les deux champions combattirent en champ-clos, en présence du roi et de toute la cour et d'une multitude innombrable de seigneurs et de dames les plus qualifiés. Leurs lances s'étant rompues sans avantage de part ni d'autre, le roi, ravi de l'adresse et de l'intrépidité des deux combattants, ne voulut point qu'ils s'exposassent davantage, et les fit séparer. En 1385, Gui VI prit part à l'expédition formidable préparée contre les Anglais au port de l'Ecluse, et reçut de Philippe-le-Hardi 4,000 livres pour les frais de son voyage, et la solde des chevaliers qu'il avait réunis sous sa ban-

(1) On voit par une déclaration de Philippe-le-Hardi, du mois de juin 1381, confirmative de tous les priviléges attachés à cette charge, que le grand-chambellan devenait grand-maître de la maison du prince aussitôt qu'il était parvenu à la chevalerie. Dans toutes les fêtes publiques données par le duc de Bourgogne, tous les couvercles de la vaisselle servie au repas, soit d'or ou d'argent, soit de toute autre matière, appartenaient au grand-chambellan; et celui-ci devenait aussi possesseur de toutes les tentures de l'appartement où se célébraient les noces du duc.

nière. (*Hist. de Bourgogne*, *t.* III , *p.* 88.) La même année , le sire de la Trémoïlle fut choisi par le roi, pour être, avec ses oncles, les ducs de Bourgogne et de Bourbon , Jean , comte de Vendôme , et plusieurs autres chevaliers , les tenants d'un tournoi donné à Paris lors de l'entrée en cette ville de la reine Isabelle de Bavière. Il n'y eut point d'affaires importantes sous ce règne , soit pour l'administration ou le gouvernement du royaume , soit dans les relations étrangères , où l'on ne vit figurer d'une manière active le sire de la Trémoïlle. En 1390, il accompagna le duc de Bourbon lors du secours que ce prince conduisit aux Génois contre les Maures d'Afrique , qui désolaient le commerce de cette république par leurs pirateries. Froissart rapporte qu'au siége de la ville d'Afrique, un chevalier mahométan ayant proposé un combat de neuf Africains contre pareil nombre de Français , le sire de la Trémoïlle accepta le combat, choisit Guillaume de la Trémoïlle , son frère , Boucicaud , le Jeune , Hélion de Lignac , et cinq autres chevaliers , mais qu'étant entrés en lice , au rendez-vous assigné , les Barbares n'osèrent paraître. Le 13 avril 1392 , Gui VI fit, à Pavie, un traité avec Jean-Galéas Visconti , duc de Milan, et reçut de lui cent florins d'or de pension , à la charge de l'assister contre toutes personnes , et de ne faire alliance avec qui que ce soit contre ce prince. La même année, le sire de la Trémoïlle refusa l'épée de connétable , qui lui avait été offerte après la retraite de Clisson. L'année suivante (1393), Bonne de Bourbon, comtesse de Savoie, confirma *à son cher cousin* , Gui de la Trémoïlle , le don que lui avait fait le comte Amédée, son mari, d'une somme de 10,000 livres une fois payée, avec 500 livres de pension, à la charge d'employer 6,000 livres à l'acquisition d'un domaine relevant du comté de Savoie, et de l'assister envers et contre tous, excepté le roi de France, les ducs de Berry , de Bourgogne , d'Orléans et de Bourbon. Ces deux traités désignent assez le rôle important que le sire de la Trémoïlle remplissait sur la scène politique , et l'influence qu'il exerçait sur les affaires de son temps. La même année, Gui VI fut choisi, avec les ducs de Berry, de Bourgogne et d'Orléans , pour statuer sur le gouvernement de la Savoie , entre les deux duchesses douairières , Bonne de Bourbon et Bonne de Berry , dont les contestations furent terminées à Chambéry le

8 mai 1393 (et non 1383). En 1394, le pape Clément VII, voulant reconnaître les services que lui avait rendus le sire de la Trémoïlle, pendant le schisme qui divisait alors l'église, lui fit don d'une pension de 600 francs d'or. Il donna quittance de la première année de cette pension, le 23 août; et à cet acte pend le sceau de ses armoiries, écartelées *de la Trémoïlle* et *de Jonvelle*. Lorsque Jean de Bourgogne, comte de Nevers, eut résolu de marcher en Hongrie contre les Turcs, au secours de l'empereur Sigismond, Enguerrand VII, sire de Coucy et comte de Soissons, chargé du commandement de cette armée, s'adjoignit le sire de la Trémoïlle et Guillaume, seigneur d'Antigny, son frère. Après la sanglante défaite de l'armée française, sous les murs de Nicopolis, le 28 septembre 1396, et la prise du comte de Nevers et des principaux officiers qui avaient survécu, le sire de la Trémoïlle fut envoyé, avec le maréchal de Boucicaud, vers le sultan Bajazet, pour obtenir qu'ils fussent mis à rançon, afin qu'étant en liberté ils pussent procurer celle des autres seigneurs chrétiens. Ces propositions ayant été admises, le sire de la Trémoïlle sortit de sa captivité pour rentrer en France; mais, étant tombé malade à Rhodes, il y mourut en 1398, et fut inhumé dans l'église de Saint-Jean, comme il l'avait ordonné par ses dernières volontés testamentaires. (*Froissard, liv. IV, chap.* 88; *Hist. du maréchal de Boucicaud; Dictionnaire historique des Généraux Français*, 1823, *t. IX*, *p.* 349.) Ce seigneur emporta les regrets de toute l'armée. Sa perte fut surtout sensible au comte de Nevers et au duc de Bourgogne, qu'il avait pendant vingt ans assistés de ses conseils et de son épée. Philippe-le-Hardi l'honorait d'une estime et d'une affection singulières. Lors du premier testament fait par ce prince, le 13 septembre 1386, il avait choisi le sire de la Trémoïlle pour l'un des exécuteurs de ce testament, et, après avoir élu sa sépulture aux Chartreux de Champmol-lès-Dijon, avait ordonné que lorsque le même Gui, sire de la Trémoïlle, son très-cher et féal *cousin* et grand chambellan, viendrait à mourir, il fût inhumé à ses pieds dans la même chapelle. (*Histoire de Bourgogne, t. III, p.* 96.) Les mêmes volontés de ce prince sont exprimées dans le premier testament que fit Gui VI, sire de la Trémoïlle, le 19 avril 1393, et dont il remit l'exécution aux ducs de Bourgogne et de Berry, aux

évêques de Châlons-sur-Saône, de Poitiers et d'Arras, et à ses deux frères, Guillaume et Pierre de la Trémoïlle. Il avait épousé, vers l'an 1382, Marie, dame DE SULLY, de Craon (1), d'Orval, et de quinze autres terres considérables, souveraine de Boisbelle, comtesse de Guines, fille unique et héritière de Louis, sire de Sully, prince de Boisbelle, et d'Isabelle de Craon. En faveur de ce mariage, le roi Charles VI, par lettres du 4 novembre 1386, ordonna, qu'après la mort de Jeanne d'Eu, comtesse d'Étampes et de Guines et duchesse d'Athènes, dont Marie de Sully était héritière présomptive, ces deux époux jouiraient de tous les domaines que possédait Raoul II, comte d'Eu et de Guines, connétable de France, frère de Jeanne, et qui avaient été adjugés à cette dame par confiscation. Marie de Sully avait épousé en premières noces Charles de Berry, comte de Montpensier, prince du sang, qui mourut vers 1381. Elle se remaria en troisièmes noces à Charles, sire d'Albret, comte de Dreux, connétable de France, qui périt à Azincourt, en 1415. De son second mariage avec Gui VI, sire de la Trémoïlle, sont issus :

DE SULLY : d'azur, semé de molettes d'éperon d'or ; au lion du même, brochant sur le tout.

1°. Gui, dit Guiot de la Trémoïlle, mort jeune, en 1390, et inhumé en l'église des Jacobins de Paris ;

2°. Georges, dont l'article suit ;

3°. Jean de la Trémoïlle, seigneur de Jonvelle, baron de Dracy, Saint-Loup, Conflans-Sainte-Honorine, Saint-Just, Sainte-Hermine, Sully, Saint-Gaudon, Courcelles, Beaumont, Antilly, Bauché, Amboise, Montrichard et Bleré, grand-maître et grand-chambellan de Jean et de Philippe, ducs de Bourgogne, et chevalier de la Toison-d'Or. Il accompagna, en 1409, le sire de Gaucourt, général des troupes qui marchèrent au secours des Génois contre Jean-Marie Visconti, duc de Milan. Ce seigneur suivit le parti du duc de Bourgogne, son souverain, dans les longs et funestes démêlés qu'il eut avec la maison d'Orléans, et commandait une partie de l'armée de ce prince, lorsqu'elle parut sous les murs de Paris. En 1418, il fut député par le duc Jean et par la reine Isabelle de Bavière, avec l'archevêque de Sens et l'évêque de Langres, pour assister au conseil assemblé à Montereau, qui tenta, mais sans succès, de réconcilier les deux maisons ennemies. Le 11 juillet 1419, Jean de la Trémoïlle fut un des signataires du traité du Ponceau,

(1) *Craon* et *Sully* étaient les seconde et troisième des quatre grandes baronnies de France. Les deux autres étaient *Coucy* et *Beaujeu*.

avec le comte de Saint-Pol, Guillaume de Vienne, Jean de Luxembourg, le sire de Montagu et Pierre de Bauffremont, grand-prieur de France. Deux mois après, Jean de la Trémoïlle fut témoin de la sanglante catastrophe du pont de Montereau. Il commandait les troupes du duc Jean, conjointement avec les seigneurs de Toulongeon et de la Baume. Aussitôt qu'il fut instruit de l'attentat commis sur la personne du duc Jean, il se jeta dans le château de Montereau, où, bientôt assailli par les troupes du Dauphin, il dut accepter une capitulation favorable. Le sire de Jonvelle, s'étant retiré à la cour du roi Charles VI, fut appelé au conseil d'état de ce prince, et se signala à la bataille de Mons en Vimeu ou de Saint-Riquier, livrée contre les partisans du Dauphin. Philippe-le-Bon, pour reconnaître les services importants qu'il avait reçus du seigneur de Jonvelle en cette bataille, où il combattait à ses côtés, le créa chevalier de l'ordre de la Toison-d'Or, lors de la création de cet ordre, en 1429. Il avait épousé, par traité du 17 juillet 1424, Jacqueline *d'Amboise* (1), dame d'honneur de la reine Isabelle, fille d'Ingelger d'Amboise IIe. du nom, seigneur de Roche-Corbon, de Marans et de Fontenay, vicomte de Tours, et de Jeanne de Craon. Elle eut en dot les seigneuries de Talmont et d'Olonne, dans la Vendée. Elle vivait encore, étant veuve et sans enfants, le 7 mai 1449. (Jean de la Trémoïlle, comme puîné, brisait ses armoiries *d'une bordure de gueules*);

3°. Gui de la Trémoïlle, qui, le 3 octobre 1407, commandait une compagnie de cinq écuyers et d'un arbalétrier, dans un secours de troupes envoyé au duc de Brabant;

4°. Isabeau de la Trémoïlle, mariée 1°., en 1409, avec Pierre *de Tourzel*, seigneur d'Alègre et de Précy, fils puîné de Morinot de Tourzel, seigneur baron d'Alègre, de Puichagut et de Milhaud, conseiller et chambellan du roi Charles VI, et de Smaragde de Vichy; 2°. avec Charles, seigneur *de la Rivière*, comte de Dammartin, mort en 1429, fils de Bureau, seigneur de la Rivière, chambellan du même roi Charles VI, et de Marguerite, dame d'Auneau et de Rochefort, en Iveline; 3°. avec Guillaume *de Thil*, seigneur de Châteauvillain, grand-chambrier de France, mort en 1489, fils de Jean de Thil, seigneur de Châteauvillain et de Marigny, et de Jeanne, dame de Grancey. Elle

(1) Les noces du seigneur de Jonvelle et de Jacqueline d'Amboise furent extrêmement brillantes. Elles eurent lieu en l'hôtel d'Artois, à Paris, aux dépens du duc de Bourgogne, qui fit célébrer, dans cette journée, des danses, des joutes et des tournois publics. Elles se firent en présence de la reine, du duc de Bedfort, de la duchesse sa femme, sœur du duc de Bourgogne, des comtes de Salisbury et de Suffolck, de l'évêque de Thérouenne, et d'un grand nombre de chevaliers et de dames de condition.

institua Louis Ier., sire de la Trémoïlle, son neveu, son héritier universel, le 22 janvier 1440;

5°. Marie de la Trémoïlle, alliée, en 1402, avec Louis II *de Châlons*, comte d'Auxerre et de Tonnerre, tué à la bataille de Verneuil, le 17 août 1424, fils du comte Louis I, surnommé le chevalier Vert, et de Marie de Parthenay. Elle eut en dot 20,000 francs d'or (263,000 francs, monnaie actuelle). Le comte Louis II, sous prétexte de parenté, répudia Marie de la Trémoïlle, pour épouser Marie de Périlleux, qu'il avait enlevée: mais la première de ces deux épouses fut toujours regardée comme la seule légitime. Le duc de Bourgogne, irrité de la conduite du comte d'Auxerre, fit assiéger par ses troupes le château de Tonnerre, qui fut livré aux flammes, ainsi que les places de Laignes, de Grisolies, de Crusy, d'Argenteuil et de Channes; et, par suite de cette guerre, Louis II de Châlons perdit son comté de Tonnerre. Marie de la Trémoïlle mourut vers l'an 1433;

7°. Marguerite de la Trémoïlle, première femme de Renaud VI, sire *de Pons*, comte de Blaye, de Bergerac, de Montfort et de Marennes, vicomte de Turenne et de Riberac, lieutenant-général pour le roi en Poitou et en Saintonge, célèbre par ses exploits contre les Anglais, en Guienne. Il était fils de Renaud V, sire de Pons, comte de Blaye, vicomte de Carlat, et de Marguerite de Périgord, sa seconde femme.

XIV. Georges, sire DE LA TRÉMOÏLLE, comte de Guines, de Boulogne et d'Auvergne, baron de Sully, de Craon, de Sainte-Hermine et de l'Isle-Bouchard, seigneur de Jonvelle, de Gençay, de Rochefort, de Doué, de Château-Guillaume, de Mareuil, de Donzenac, de Boussac, d'Amboise, de Montrichard, de Bleré, de Conflans-Sainte-Honorine, de Beaumont en Vaux et de Maillebrun, grand chambellan de France, premier ministre du roi Charles VII, gouverneur du royaume, et lieutenant-général en Bourgogne, naquit vers l'an 1384. Élevé à la cour du duc Jean-sans-Peur, il fut choisi par ce prince, en 1409, pour combattre dans une des trois journées d'armes qu'il avait assignées à Lille en Flandre, entre trois chevaliers bourguignons et trois chevaliers anglais. Georges de la Trémoïlle combattit à la seconde journée, le 3 décembre, contre d'Aufreville, et reçut du duc une somme de 500 livres, pour le défrayer des dépenses qu'il avait faites dans ce voyage. (*Hist. de Bourgogne*, *t. III*, *p.* 302.) L'an 1413, il avait accompagné le duc Jean à Paris. Ce seigneur, ayant voulu interposer son autorité dans une émeute populaire excitée pour surprendre la Bastille, fut bientôt assailli lui-même par la multitude, et eût péri sous les coups des factieux, si le duc ne fût venu promptement le secourir et lui sauver la vie (*ibid.* , *p.* 383). Le 18 mai de la même année, le roi Charles VI nomma le sire de la Trémoïlle grand-chambellan de France, et souverain maître réformateur général des eaux et forêts du royaume. Il combattit à Azincourt, le 25 octobre 1415, et fut fait prisonnier par les Anglais. Ayant recouvré sa liberté, au moyen d'une rançon considérable, il revint à la cour, et fut choisi pour médiateur de la paix faite, le 23 mai 1418, entre le roi Charles VI et les princes. Honoré de la faveur du roi Charles VII, qui avait su apprécier la Trémoïlle comme guerrier et comme homme d'état, il fut appelé dans les conseils de ce prince à son avènement au trône, en 1422, et fut bientôt chargé de la direction des affaires. En 1426, le roi l'envoya vers le duc de Bourgogne, pour négocier la paix; mais, ayant été surpris dans sa route par un parti anglais, il fut fait prisonnier et imposé à une grosse rançon. En indemnité de ses pertes et des dépenses considérables qu'il avait faites dans la dernière guerre, pour l'entretien de la gendarmerie, dont il avait le commandement, Charles VII lui fit don, le 20 juillet, du château de Melle, en Poitou, sous la faculté de rachat, et de 100,000 écus d'or, que ce prince assigna sur les revenus de la ville du Pont-Saint-Esprit, et le domaine de Château-Thierry. L'année suivante, 1427, le sire de la Trémoïlle fut nommé premier ministre, surintendant des finances, et chef du conseil-d'état. Il assista aux états tenus à Gien, fut nommé lieutenant-général au duché de Bourgogne, soumit au roi Vezelay et Auxerre, par composition; et après la réduction de Baugency, de Jargeau et de Troyes, il assista, le 17 juillet 1429, au sacre de Charles VII, à Reims, où il représenta un des pairs de France, avec les comtes d'Alençon et de Clermont, princes du sang. L'élévation du sire de la Trémoïlle, et la haute faveur dont le roi l'honorait, lui avaient acquis de nombreux ennemis. Pour se prémunir contre leurs mauvais desseins, il avait fait, dès le 28 mai 1428, avec le duc d'Alençon, un traité par lequel ce prince, et réciproquement le seigneur de la Trémoïlle, qu'il qualifiait son très-cher *cousin*, se promettaient de se servir mutuellement auprès de la personne du roi, du dauphin et du duc d'Orléans, et de concourir de tous leurs efforts au bien de

S. M., au recouvrement de ses seigneuries, et à chasser les ennemis du royaume. Une première conjuration fut formée contre le sire de la Trémoïlle, en 1432, par les seigneurs de Lezay et de Vivonne; mais un grand nombre des complices furent condamnés à mort, par arrêt du parlement, séant à Poitiers, du 28 mai de la même année. Cependant, la reine Marie d'Anjou, le connétable de Richemont et le comte du Maine, voulant avoir la direction des affaires, conjurèrent la perte du premier ministre. Richemont, que ses services et sa naissance rendaient puissant à la cour, avait déjà fait périr le seigneur de Giac et Camus de Beaulieu, prédécesseurs de la Trémoïlle; et, quoique ce dernier dût en partie son élévation à ce prince violent et ombrageux, le nouveau ministre, dont le caractère était peu fait pour plier sous un maître, avait usé presqu'aussitôt de son pouvoir pour éloigner le connétable. Depuis plus de cinq ans, le comte de Richemont méditait une vengeance éclatante. L'occasion s'en présenta à Chinon, où était la cour, en 1435. Il fait surprendre la Trémoïlle au milieu de la nuit. Le ministre, accablé par le nombre et couvert de blessures, est enlevé et enfermé étroitement dans le château de Montrésor, où sa liberté fut taxée à une rançon excessive. Charles VII fut très-irrité de cette violence; mais, voyant la reine elle-même à la tête de cette révolution, il céda à ses instances. Le connétable fut rappelé, et la place de premier ministre donnée à Charles d'Anjou, comte du Maine, frère du roi. Néanmoins ce prince, voulant témoigner au sire de la Trémoïlle sa satisfaction personnelle de ses services, lui confirma ses appointements par lettres du 26 septembre 1435, et ordonna que lui et son épouse jouiraient de toutes leurs terres, situées en Poitou, en Limosin, en Touraine, en Berry, en Orléanais et ailleurs. Le 11 novembre de l'année suivante, Charles VII lui donna le commandement d'un corps de troupes destiné à soumettre Montereau-Faut-Yonne et Montargis. Cependant, le sire de la Trémoïlle était demeuré sensible à une disgrâce aussi inattendue; on le vit donc, en 1439, devenir l'âme de la faction de *la Praguerie*, qui comptait pour chefs le dauphin, depuis Louis XI, les ducs de Bourbon et d'Alençon, les comtes de Vendôme et de Dunois, le bâtard de Bourbon, qui en fut seul victime, et plusieurs autres seigneurs que le connétable de Richemont avait indisposés. On a des lettres du dauphin, du 13 avril 1440, par lesquelles il promet au sire de la Trémoïlle, *son très-cher et très-amé cousin*, de le faire jouir d'une pension de 9,000 francs par an. Il assista à Chinon, en 1445, à l'hommage que le duc de Bretagne rendit au roi, mourut le 6 mai 1446, et fut inhumé dans l'église du château de Sully. Il avait épousé, en premières noces, à Aigueperse, en Auvergne, le 1er. novembre 1416, Jeanne, IIe du nom, comtesse d'AUVERGNE, de Boulogne et de Comminges, veuve de Jean, fils de France, duc de Berry (3e fils du roi Jean), et fille unique et héritière de Jean, comte d'Auvergne et de Boulogne, et d'Éléonore de Comminges. Il fut stipulé que le premier enfant mâle qui naîtrait de ce mariage, et à son défaut le second fils, aurait en partage les comtés d'Auvergne et de Boulogne, avec la baronnie de Sully, et porterait le nom et les armes de Boulogne. Cependant, au mépris de ce contrat, par lequel les deux époux s'étaient donné réciproquement l'usufruit de tous leurs biens leur vie durant, la comtesse Jeanne institua son unique héritière, le 12 octobre 1418, Marie de Boulogne, dame de la Tour, sa cousine; puis, s'étant retirée au château de Saint-Sulpice, sur le Tarn, elle y mourut vers la fin de 1422, sans avoir eu d'enfants. Georges de la Trémoïlle épousa, en secondes noces, le 2 juillet 1425, Catherine DE L'ISLE-BOUCHARD, dame des baronnies et seigneuries de l'Isle-Bouchard sur la Vienne, de Rochefort-sur-Loire, de Doué en Anjou, de Gençay en Poitou, et de Selles en Berry, morte le 1er juillet 1474, à l'Isle-Bouchard, où elle fut ensevelie. Elle était fille unique de Jean, baron de l'Isle-Bouchard, et de Jeanne de Bueil. De ce mariage sont issus :

D'AUVERGNE : écartelé, aux 1 et d'or, au gonfalo de gueules, frang de sinople, qui e *d'Auvergne*; aux et 3 de gueules, 4 otelles d'argent adossées en sautoi qui est *de Comminges*.

DE L'ISLE-BOUCHARD : de gueules, à deu léopards d'or.

1°. Louis Ier., dont l'article suivra;

2°. Georges de la Trémoïlle, baron de Craon, comte de Ligny, seigneur de Jonvelle, de l'Isle-Bouchard, de Rochefort, de Châteauneuf, de Buron, de Dracy, de Courcelles et d'Antilly, chevalier de l'ordre du Roi, conseiller et premier chambellan de S. M., grand-maître et grand-chambellan héréditaire de Bourgogne, gouverneur de Touraine, de Champagne et Brie, du Barrois, des deux Bourgognes, des pays de Charolais et de Mâconnais, des villes de Reims, de Laon, de Sens, de Langres, de Châlons et de l'évêché de Verdun, capitaine de cent lances, connu dans l'histoire sous le nom de *sire de Craon*. Il assista aux états-généraux tenus à Tours, en 1467, et, l'année suivante, contribua à la prise de Liége, assiégé par Louis XI et le duc de Bourgogne. Le monarque français nomma le sire de Craon chevalier de l'ordre de St.-Michel, à la première création qu'il en fit à Amboise, en 1469, et lui fit don, l'année suivante, des châteaux de Montmirail et de Villeneuve, en Albigeois, confisqués sur Jean, comte d'Armagnac. Il fut un des plénipotentiaires du traité signé à Ancenis, le 6 juin 1470. Le 21 septembre, Louis XI lui donna le commandement de l'armée de Champagne, destinée à marcher contre le duc de Bourgogne; et, le 31 octobre suivant, ce prince y ajouta le commandement des gens d'armes des ordonnances de l'arrière-ban et des francs archers, avec la lieutenance particulière des villes de Reims, Laon, Châlons, Sens, etc. Le sire de Craon se porta sur la frontière de la Lorraine, menacée par les Bourguignons et reprit la ville de Verdun. Le roi lui donna les revenus de l'évêché de cette ville, confisqués sur Guillaume de Haraucourt, et lui confia le gouvernement militaire de cette place. Le 26 février 1471, le sire de Craon fut appelé à la lieutenance générale des provinces de Champagne et de Brie, du duché de Bar, du comté de Ligny, etc. Le roi lui fit don de ce comté au mois de janvier 1475. Le 7 juillet 1477, il fut nommé chef de l'armée française destinée, après la mort de Charles-le-Téméraire, à soumettre les deux Bourgognes. Il assiégea et prit Dijon; mais, ayant échoué devant Dôle, il perdit la faveur du roi, qui, sans égard aux services importants qu'il avait rendus à l'état, notamment en négociant la première alliance des sept cantons suisses avec la France, lui retira le gouvernement de Bourgogne. Le sire de Craon mourut vers l'an 1481, sans laisser d'enfants de Marie *de Montauban*, qu'il avait épousée le 8 novembre 4146. Elle était fille et héritière de Jean, sire de Montauban, maréchal de Bretagne, depuis amiral de France, et de Jeanne de Kerenrais, et veuve de Louis de Rohan, Ier. du nom, baron de Gié, seigneur de Guémenée. Elle épousa, en troisièmes nôces, Jean de Keradreux, seigneur de Neufvillette, et mourut en 1497;

3°. Louise de la Trémoïlle, dame de Bommiers, de St.-Just, de Boussac, de Corrèze et de Donzenac, qu'elle eut en dot avec mille écus d'or, lorsqu'elle épousa, le 30 janvier 1444, Bertrand, VIe. du nom, sire *de la Tour*, comte d'Auvergne et de Boulogne, puis de Lauragais, général de l'armée française, qui envahit la Bresse, en 1468, et fils de Bertrand Ier. de la Tour, comte de Boulogne et d'Auvergne et de Jacqueline ou Jacquette ou Peschin. Ce mariage termina le différend qui existait entre les maisons de la Trémoïlle et de la Tour, au sujet de la succession de la comtesse Jeanne II d'Auvergne. Louise de la Trémoïlle mourut le 10 avril 1474, comme porte son epitaphe gravée sur une lame de cuivre, dans l'église de l'abbaye de St.-Genest-lès-Clermont-Ferrand. Néanmoins elle fut inhumée en l'abbaye du Bouchet, près de Vic-le-Comte, qu'elle avait fondée avec son mari, et où ils sont sculptés a genoux sur leurs tombes. Le comte d'Auvergne lui a survécu jusqu'au 26 septembre 1497.

Enfants naturels de Georges, sire de la Trémoïlle.

I. *Jacques*, bâtard de la Trémoïlle, *seigneur de St.-Civran, en Berry, qui combattit à Formigny, en 1450, et vivait encore en 1467. Il a peut-être été père, par l'une de ses deux femmes, Jeanne* Toutessan, *ou Louise* de Fontaines, *remariée à Pierre de Rieux*, de Jacques de la Trémoïlle, qui, avec Françoise *de Beaumont*, sa femme, a formé le rameau des *seigneurs de Fontangier*, en Berry, allié aux maisons de Launay, de Veuhec et de Bolinars, et maintenu par l'intendant de Bourges, le 15 octobre 1668 (1);

II. *Jean*, bâtard de la Trémoïlle, *seigneur de l'Hébergement, en Poitou, terre que lui donna son père, en 1445, lorsqu'il le légitima, et lui permit de porter les armes de la Trémoïlle, brisées d'un lambel de gueules. Le comte de Richemont lui donna, et au sire de Montauban, maréchal de Bretagne, la conduite de l'arrière-garde à la bataille de Formigny, le 15 avril 1450. Jacques de la Trémoïlle fut nommé ensuite gouverneur de Craon et de Châteauneuf, et mourut en 1490, laissant de Thomine* Jousseaume, *sa femme :*

A. René de la Trémoïlle, seigneur de l'Hébergement, marié, par contrat du 3 janvier 1483, avec Françoise *de Sainte-Flaive*, fille de Gui de Sainte-Flaive, chevalier, seigneur de Longvilliers et de Sigournay, en Poitou. Il en eut :

a. Claude de la Trémoïlle, *dite* de l'Hébergement, femme de Louis *Guineuf*, chevalier, lieutenant du sire de la Trémoïlle au gouvernement de Dijon ;

b. Marie de la Trémoïlle, *dite* de l'Hébergement, élevée auprès de la reine Anne de Bretagne, qui la maria, en 1516, avec Jean *Hébert*, dit *d'Ossonvilliers*, chevalier, baron de Courcy, conseiller et chambellan ordinaire de Louis XII, gouverneur de la ville de Mortagne, au Perche, fils de Jean Hebert d'Ossonvilliers, général des finances sous Louis XI. La reine donna à Marie de la Trémoïlle 50 mille livres, en faveur de ce mariage. Elle vivait encore en 1553, étant veuve depuis 1522 ;

B. Jean de la Trémoïlle, co-seigneur de l'Hébergement, dont les biens passèrent à ses deux nièces, en 1530, par sa mort sans postérité ;

C. Marie de la Trémoïlle, *dite* de l'Hébergement, mariée, par contrat du 14 mai 1481, à Innocent *Goulard*, chevalier, seigneur de Boisbelle, fils de Jean Goulard, chevalier, et de Françoise du Puy-du-Fou;

III. *Marguerite*, bâtarde de la Trémoïlle, *dame de Saint-Fargeau, mariée*

---

(1) Ce rameau portait : *d'argent, au chevron de gueules, accompagné en chef de 2 aiglettes de sable, et en pointe d'une étoile d'azur.*

à Sully, le 31 *octobre* 1441, *avec Jean* de Salazar, *célèbre chevalier espagnol, seigneur de St.-Just, de Marcilly, de Montogu, de Laz, de Bouzonville, de Lonzac, de Conflans, de Fontaines et d'Issoudun, terres qui furent la récompense de ses actions militaires. Il était écuyer et conseiller du roi Charles VII, et capitaine de cent hommes d'armes des ordonnances. Ce seigneur commanda l'avant-garde à la bataille de Montlhéry, avec le grand sénéchal de Normandie et le brave Barbazan. Il se jeta ensuite dans la ville de Paris pour la défendre contre les princes ligués; conduisit* 400 *lances et* 6.000 *archers au secours des Liégeois, contre leur évêque; soutint, en* 1469, *le siége de Beauvais contre le duc de Bourgogne, sous le comte de Dammartin et Joachim Rouhaut de Gamaches, maréchal de France; contribua à la conquête de la Franche-Comté; fut pourvu du gouvernement de Gray, et mourut, à Troyes, le* 12 *novembre* 1479. *Marguerite de la Trémoïlle était décédée dès le dimanche avant Noël,* 1457.

XV. Louis Ier. du nom, sire DE LA TRÉMOÏLLE (1), comte de Guines et de Benon, vicomte de Thouars, prince de Talmont (2), baron de Craon, de Selles, de l'Isle-Bouchard, de Sainte-Hermine, de Mareuil, de Rochefort, de Doué, de Gençay, de Mauléon, de Saint-Loup, de Donzenac, de Courcelles, de Château-Guillaume, de Lussac, de Bommiers, de Conflans, de Saint-Just, de Puy-Belliard, de Luçon, d'Olonne, de Marans, de Berrie, de Montrichard et de Bléré, grand-chambellan héréditaire de Bourgogne, naquit vers 1431. Il accompagna Charles VII au siége de Rouen, en 1449, et à la conquête de Harfleur, de Caen et de Falaise. Louis I partagea les biens de sa maison, le 14 octobre 1457, avec Georges de la Trémoïlle, son frère puîné, en présence de Catherine de l'Isle-Bouchard, leur mère, de Barthélemi de Beauvau, chevalier, seigneur de Précigny, d'Amauri d'Estissac et d'autres chevaliers. Par lettres du 23 août 1460, Louis Ier, sire de la Trémoïlle, voulant récompenser les services que lui avait rendus Guyon de Puygiraud, écuyer, seigneur de Colonges, le

---

(1) Il écartelait, aux 1 et 4 *de la Trémoïlle;* aux 2 et 3 losangés d'or et de gueules, qui est *de Craon;* sur le tout de *l'Isle-Bouchard.*

(2) Le château de *Talmont*, ancien chef-lieu d'un petit pays nommé le *Talmontois*, fut bâti vers le commencement du 11e. siècle par Guillaume Ier., seigneur de Talmont. Ce dernier eut deux fils et une fille, Guillaume II, seigneur de Talmont, fondateur, vers l'an 1047, du prieuré de Fontaines, au diocèse de Luçon, et Pepin de Talmont, mort sans postérité. Asseline, dame de Talmont, leur sœur, porta cette seigneurie en mariage à Cadelon IIe., vicomte d'Aunay.

pourvut de la capitainerie du château et de la baronnie de Sainte-Hermine, office qui était alors vacant par le décès du seigneur d'Estissac. Le sire de la Trémoïlle ne prit aucun parti dans la guerre *dite* du bien public. Il ratifia le traité d'Ancenis, le 6 juin 1470, suivit l'armée de Louis XI en Picardie, et assista au traité fait à Péquigny, entre ce prince et Édouard, roi d'Angleterre, le 29 août 1475. Depuis, le sire de la Trémoïlle quitta la cour, pour finir ses jours dans ses terres, où il mourut peu de temps après avoir assisté aux états tenus à Tours, sous le roi Charles VIII, en 1483. Il avait épousé à Poitiers, le 22 août 1446, Marguerite D'AMBOISE, sœur puînée de Françoise d'Amboise, duchesse de Bretagne, et fille de Louis, sire d'Amboise, vicomte de Thouars, prince de Talmont, et de Marie de Rieux, sa première femme. Elle eut en dot la principauté de Talmont, les terres de Berrie, les Olonnes, Curson, Château-Gontier, la Chaume, Marans et les Sables, dans la Vendée. Depuis, elle hérita de la vicomté de Thouars*, et en eut outre les seigneuries de Mauléon, des îles de

D'AMBOISE : écartelé, aux 1 et 4 palés d'or et de gueules, qui est *d'Amboise*; aux 2 et 3 d'or, semés de fleurs de lys d'azur; au franc-canton de gueules, qui est *de Thouars*.

---

* ANCIENS VICOMTES DE THOUARS.

La maison des *premiers vicomtes héréditaires de* THOUARS, dont les sires de la Trémoïlle ont recueilli le riche héritage au milieu du quinzième siècle, tenait, par son antiquité et ses nombreux domaines, un rang illustre dans la hiérarchie politique. La vicomté de Thouars, second des quatre grands fiefs qui formaient le comté de Poitou, étendait sa juridiction sur vingt-deux baronnies; sept cents vassaux nobles en relevaient immédiatement, et les vicomtes de Thouars ont conduit jusqu'à trente-deux bannerets à la guerre. Le plus ancien de ces vicomtes, que l'histoire fasse connaître, est Aimeri Ier., qui, du consente[illegible] d'Aremburge, sa femme, fit un don à l'abbaye de Saint-Cyprien de Poitiers en 926; ce vicomte n'eut point de postérité; il avait deux frères dont l'un, nommé Savari, a continué la descendance; le second, Adémar de Thouars, était abbé de Redon, au diocese de Vannes, en 924.

I. Savari Ier., vicomte DE THOUARS, paraît dans deux actes, l'un promulgué par lui en faveur des chanoines de Saint-Martin de Tours, le 19 mai 926, et le second de l'an 936, par une dame nommée Senegonde, en faveur de l'abbaye de Saint-Cyprien de Poitiers (*Besly, Hist. des comtes de Poitou, preuves, p.* 218, 224 et 249). Il eut deux fils.

Ré, en Poitou, de Montrichard, en Touraine, et de plusieurs autres domaines. Dès le 28 mars 1451, Louis Ier., sire de la Trémoïlle, avait passé à Bourges, avec Charles, sire d'Albret, comte de Dreux, une transaction au sujet de la riche succession de la maison de Sully; et, la même année, il fit hommage à Philippe-le-Bon de la charge de grand-maître héréditaire et grand-chambellan de Bourgogne, qu'il céda, en 1457, à Georges de la Trémoïlle, son frère puîné. Le 23 juin 1464, Françoise d'Amboise, duchesse de Bretagne, fit don du comté de Benon, en Aunis, à

ANCIENS VICOMTES DE THOUARS.

1°. Aimeri II, qui suit;
2° Savari II, vicomte de Thouars, vivant en 955.

II. Aimeri II, vicomte DE THOUARS, en 955, donna, de concert avec *Alienor*, dite aussi *Hardouine*, sa femme, divers héritages à l'abbaye de Bonneval, du consentement du roi Lothaire. Aimeri II laissa deux fils :

1°. Herbert Ier., qui suit;
2°. Savari III, vicomte de Thouars, vivant au mois d'août 994.

D'AUNAY: ... au chef de ... les, chargé ... lion issant

III. Herbert Ier., vicomte DE THOUARS, en 959 et 969, épousa Hildegarde D'AUNAY, fille de Cadelon, vicomte d'Aunay, laquelle était veuve du vicomte Herbert en 994. De ce mariage sont provenus :

1°. Aimeri III, vicomte de Thouars et comte de Nantes. Il dut l'investiture de ce dernier comté à ses exploits sous Foulques Nerra, comte d'Anjou, contre Conan-le-Tort, comte de Rennes, notamment à la bataille de Conquereux et au siége de Nantes en 992. Il mourut après l'an 1008 sans avoir eu d'enfants *d'Helvis*, sa femme;
2°. Savari IV, dont l'article suit;
3°. Geoffroi Ier., vicomte de Thouars en 994 et 1003;
4°. Thibaut de Thouars, vivant en 994;
5°. Raoul Ier., vicomte de Thouars en 1005, époux *d'Aremburge*, et père, entre autres enfants, de :

A. Aimeri de Thouars;
B. Aldéarde de Thouars, mariée, avant l'an 1015, avec Hugues IV, surnommé *le Brun*, sire de *Lusignan*, fils de Hugues III, dit *le Blanc*, sire de Lusignan.

Louis II, sire de la Trémoïlle, son neveu, en en réservant l'usufruit à Marguerite d'Amboise, sa mère, sœur de la donatrice, qui mourut en 1475, et laissa :

1°. Louis II, dont l'article suivra;

2°. Jean de la Trémoïlle, archevêque d'Auch, en 1490, et administrateur perpétuel de l'évêché de Poitiers, en 1505, créé cardinal du titre de St.-Martin-aux-Monts, par bulles du pape Jules II, données à Bologne le 4 janvier 1506. La même année, ce prélat accompagna Louis XII dans son expédition d'Italie contre les Génois, avec le cardinal d'Amboise,

---

ANCIENS VICOMTES DE THOUARS.

IV. Savari IV, vicomte DE THOUARS, consentit à la donation qu'Aimeri III, son frère, fit de l'église de Saint-Michel en l'Hermitage à l'abbaye de Saint-Florent de Saumur au mois d'août 994, et vivait encore en 1003. Il fut père de Geoffroi II, qui suit. N. . . . . .

V. Geoffroi II, vicomte DE THOUARS, assista de ses forces et de sa personne Geoffroi Martel, comte de Vendôme, dans la guerre qu'il fit en 1034, à Guillaume VI, duc de Guienne; et mourut après l'an 1043, laissant *d'AEnor*, dite aussi *Aldéarde*, son épouse, Aimeri IV, qui suit. N. . . . . .

VI. Aimeri IV, vicomte DE THOUARS, en 1048, accompagna Guillaume, duc de Normandie, à la conquête de l'Angleterre, et se distingua à la fameuse journée d'Hasting, le 14 octobre 1066. Il fit divers dons aux religieux de l'abbaye de Saint-Florent de Saumur, en 1088 et 1092, et mourut en 1093. Il avait épousé, 1°. Aurengarde DE MAULÉON, sœur de Raoul de Mauléon, laquelle vivait encore en 1069, 2°. *Améline*, qui survient à son mari. Aimeri IV eut pour enfants

DE MAULÉON : de gueules, au lion d'argent.

N . . . . .

Du premier lit :

1°. Herbert II, vicomte de Thouars, en 1099, qui laissa *d'Almodis*, sa femme (1);

(1) Le P. Anselme, t. IV, p. 191, de l'Histoire des Grands Officiers de la Couronne, la dit sœur et héritière de Boson, comte de Charroux; mais il est certain que, dès l'an 1091, Almodis de la Marche, sœur et héritière de Boson III, comte de la Marche de Charroux, était mariée avec Roger II de Montgommery, comte de Lancastre. Il se pourrait néanmoins qu'elle eût été d'abord mariée à Aimeri IV, vicomte de Thouars, dont elle aurait pu être séparée ensuite pour cause de parenté, mais cela n'est qu'une simple conjecture, et il est plus probable que le P. Anselme s'est trompé sur cette alliance.

son oncle, et les cardinaux de Ferrare et de St.-Sever, et assista à l'entrée solennelle que ce prince fit à Milan. Il mourut à Rome, au mois de juillet 1507. Son corps fut transporté en France, et inhumé dans l'église collégiale de N. D. du château de Thouars;

3°. Jacques de la Trémoïlle, chevalier, seigneur de Mauléon, de Bommiers, de Conflans-Ste.-Honorine, de Gençay, de Château-Renard, de Marcy et de Neuvy-Pailloux, et capitaine de cent hommes d'armes des ordonnances. En 1494, Jacques de la Trémoïlle accompagna le roi Charles VIII en Italie; se trouva à l'entrée de ce prince à Pise, après la conquête de Sarzane, à Florence, à Rome, à Capoue et à Naples. Il accompagna Louis XII, en 1499, dans la guerre de Lombardie, contre

---

ANCIENS VICOMTES DE THOUARS.

A. Aimeri VI, vicomte de Thouars, qui mourut en 1139 sans enfants *de Sibylle*, sa femme;

B. Gui de Thouars, *C.* Hugues Ier. de Thouars, *D.* Geoffroy de Thouars, *E.* Raimond de Thouars, *F.* Marie de Thouars *G.* Amiable de Thouars,	Mentionnés dans une concession faite par le vicomte Aimeri VI, leur frère aîné, au prieuré de Saint-Nicolas de la Chaise et aux moines de Saint-Florent, vers l'an 1138. Ces quatres frères ont tous dans cet acte la qualité de *vicomtes*.

2°. Geoffroi III, dont l'article suit;

3°. Hildegarde de Thouars, mariée, avant l'an 1095, avec Hugues VI, surnommé *le Diable*, sire de *Lusignan*, fils de Hugues V, sire de Lusignan et d'Almodis de la Marche;

4°. Savari de Thouars, vicomte de Fontenay, qui figure dans des chartes des années 1054, 1068 et 1076;

5°. Raoul II, vicomte de Thouars en 1068;

Du second lit :

6°. Geoffroi, seigneur de Tiffauges en 1104;

7°. Hugues de Thouars;

8°. Ænor de Thouars, épouse de Boson, vicomte *de Châtelleraut*.

N. . . . . VII. Geoffroi III, vicomte DE THOUARS, né en 1040, vivait en 1120, à l'âge de quatre-vingts ans. Il laissa d'*Améline*, sa femme :

1°. Aimeri V, qui suit;

2°. Geoffroi de Thouars, 3°. Pierre de Thouars,	mentionnés dans un don fait par leur père à l'abbaye de St.-Florent de Saumur en 1120.

VIII. Aimeri V, vicomte DE THOUARS, en 1126, décédé avant

Ludovic Sforce, duc de Milan; et, de concert avec les seigneurs de Chabannes et de Silly, il fit prisonnier de guerre le général Merillane, qui commandait trois mille hommes de pied et quatre cents chevaux. Au siége de Capoue, Jacques de la Trémoïlle fit prisonnier Fabrice Colonne, connétable du royaume de Naples, qui lui paya 14,000 ducats de rançon. Il accompagna aussi le seigneur de la Palisse, général de l'armée française d'Italie contre les Espagnols. En 1515, il conduisit en France Maximilien Sforce, duc de Milan, avec le comte de Pontremoli, et combattit à Marignan contre les Suisses, le 14 septembre de la même année. Il mourut, sans avoir eu d'enfants d'Avoie *de Chabannes*, son épouse, fille de Jean de Chabannes, comte de Dammartin,

---

l'an 1135, avait épousé Agnès DE POITIERS, fille de Guillaume IX, comte de Poitou et duc de Guienne, et de Mahaut, comtesse de Toulouse, sa seconde femme. Elle se remaria à Ramire II, surnommé *le Moine*, roi d'Aragon, ayant eu de son premier époux :

DE POITIERS : de gueules, au léopard d'or.

1°. Guillaume, dont l'article suit ;
2°. Gui de Thouars, seigneur d'Oiron en 1139, qui se signala à la Terre-Sainte ;
3°. Geoffroi de Thouars, seigneur de Tiffauges en 1139 et 1153. Il laissa un fils :
Savari de Thouars, seigneur de Tiffauges en 1200.

IX. Guillaume, vicomte DE THOUARS, en 1139, par succession d'Aimeri VI, son cousin, épousa Aimée DE LUSIGNAN, fille de Hugues VII, sire de Lusignan, de laquelle il eut cinq fils et deux filles :

DE LUSIGNAN : burelé d'argent et d'azur.

1°. Aimeri VII, dont l'article suivra ;
2°. Gui de Thouars, qui prit en 1199, le titre de comte de Bretagne, en épousant Constance, comtesse *de Bretagne*, fille de Conan IV, comte de Bretagne et de Richemont, et de Marguerite d'Écosse. Constance avait eu pour premier époux Geoffroi d'Angleterre, mort le 19 août 1186, fils de Henri II, roi d'Angleterre ; et avait contracté un second hyménée avec Ranulfe, comte de Chester, qui fut chassé par les Bretons en 1189. Gui demeura veuf de cette princesse en 1201. En 1204, il prit les armes pour venger la mort du duc d'Artur, fils du premier lit de Constance ; que Jean, roi d'Angleterre, avait immolé de sa main. Le comte Gui, après s'être emparé de la ville de Dol, entra en Normandie, s'empara du Mont-Saint-Michel qu'il réduisit en cendres le 29 avril, soumit Avranches et fit de grands ravages dans la province.

baron de la Tour et de Toucy, seigneur du pays de Puisaye et de St.-Fargeau, et de Susanne de Bourbon, comtesse de Roussillon, et dame de Montpensier en Loudunois. Avoie était veuve d'Aimen de Prie, baron de Busançois, grand-queux de France, et se maria en troisièmes noces avec Jacques de Brizay, chevalier, seigneur de Villegongis, de Beaumont et de Brin, chevalier de l'ordre du Roi, capitaine de cinquante lances des ordonnances, sénéchal de la haute et basse Marche, et l'un des lieutenants-généraux pour S. M. en Bourgogne. Elle vivait encore le 27 février 1542;

4°. Georges de la Trémoïlle, chevalier, seigneur de Jonvelle, baron de Dracy, de Courcelles, de St.-Loup et de Conflans-Ste.-Honorine, sei-

---

ANCIENS VICOMTES DE THOUARS.

Mais l'année suivante, s'étant aliéné l'amitié du roi Philippe Auguste, ce prince n'attendit pas qu'il fût en état de lui résister pour s'emparer de la Bretagne, et Gui fut même contraint de lui ouvrir les portes de la capitale de ce duché. Cependant, dès que le roi de France fut sorti du pays, le comte de Gui se ligua avec le roi d'Angleterre en 1206, et ravagea l'Anjou, la Mée, et tout le pays entre la Loire et la Villaine, ainsi que le territoire de Rennes. Philippe-Auguste revint alors sur ses pas, ravagea à son tour toutes les possessions du vicomte de Thouars, et força le comte Gui à lui demander la paix. Ce dernier portait dans ce temps le titre de régent de la Bretagne pendant la minorité d'Alix, sa fille aînée. Il se retira dans ses terres avec Eustache *de Mauléon*, dame de Chemillé sa seconde femme, et mourut le 13 avril 1213. Son corps fut transporté à l'abbaye de Villeneuve, en 1224, et inhumé à côté de la comtesse Constance, dont il avait eu :

A. Alix, comtesse de Bretagne et de Richemont, mariée en 1213, avec Pierre *de Dreux*, surnommé *Mauclerc*, qui du chef de sa femme devint la souche de la dernière dynastie des ducs de Bretagne;

B. Catherine de Bretagne, mariée, en 1212, avec André, baron *de Vitré;*

3°. Hugues II, vicomte de Thouars en 1208 et 1227. Il n'eut point d'enfants de Marguerite, dame *de Montagu* et de la Garnache, en Poitou, laquelle devint la seconde femme de Pierre de Dreux, *dit* Mauclerc, duc de Bretagne;

4°. Geoffroi de Thouars;

5°. Raimond de Thouars, qualifié vicomte en 1224, 1230 et 1242;

6°. Marie de Thouars, } nommés avec leurs frères dans une charte du
7°. Amielle de Thouars, } prieuré de Saint-Nicolas de la Chaise.

gneur de Château-Guillaume, de Coron, de Lussac et de Château-Renard, chevalier de l'ordre du Roi, conseiller et chambellan de Louis XII et de François Ier., et lieutenant-général en Bourgogne. Il partagea les domaines de sa maison avec ses frères, le 6 juillet 1484; accompagna Louis XII en son voyage à Gênes, en 1502; et, en 1513, contribua à la défense de Dijon contre les Suisses, avec Louis II, sire de la Trémoïlle, son frère aîné, gouverneur de Bourgogne, et Charles, prince de Talmont, son neveu. Il fut un des négociateurs du traité de neutralité des duché et comté de Bourgogne, conclu le 2 juillet 1522, entre le roi François Ier. et l'archiduchesse Marguerite d'Autriche, douairière de Savoie, traité dans lequel Georges de la Trémoïlle est

---

ANCIENS VICOMTES DE THOUARS.

X. Aimeri VII, vicomte DE THOUARS, en 1194, surnommé *Dieu-donné*, commandant en Poitou l'armée de Jean, roi d'Angleterre, fut vaincu et fait prisonnier en 1208, avec le vicomte Hugues II, son frère, par Adam II, vicomte de Melun. En 1224, Aimeri fit une trève avec le roi Louis VIII, rendit hommage à ce monarque, à Paris, le 21 juillet 1225, et mourut l'année suivante, ayant eu des enfants de ses deux femmes N. . . .
Sibylle et *Marie*, savoir;

Du premier lit :

1°. Amaurie de Thouars, seconde femme de Geoffroi IV, baron *de Chateaubriand*, l'un des chevaliers qui s'illustrèrent à la Terre-Sainte, sous le roi saint Louis, en 1250. Il mourut le 29 mars 1263;

2°. Belle Assez de Thouars, première femme de Geoffroi V, baron *de Châteaubriand*, fils de Geoffroi IV, baron de Châteaubriand, et de Sibylle, sa première femme;

Du second lit :

3°. Gui Ier., dont l'article suit :

4°. Aimeri de Thouars, seigneur de la Chaise-le-Vicomte, de Puy-Béliard et de la Roche-sur-Yon, en 1214, 1218 et 1229, qui eut de Béatrix *de Machecoul*, sa femme, dame de Luçon et de la Roche-sur-Yon :

   A. Aimeri de Thouars, mort jeune;

   B. Jeanne de Thouars, dame de Luçon et de la Roche-sur-Yon, femme 1°. de Hardouin IV, baron *Maillé*; 2°. de Maurice *de Belleville*, fils de Brient de Belleville, seigneur de Montagu, avec lequel elle vivait en 1252;

5°. Geoffroi de Thouars, vicomte, mort au mois d'août 1245, laissant de Marguerite *de Tonnay*, fille de Geoffroi, seigneur de Tonnay, une fille nommée;

qualifié lieutenant-général de S. M., aux duché de Bourgogne et pays adjacents, en l'absence du sire de la Trémoïlle, son frère. Il avait épousé, le 8 février 1508, Madeleine *d'Azay*, veuve de Bonaventure de Rochechouart, seigneur de Fontmoreau, qui se remaria en troisièmes noces avec Guillaume de la Marche, seigneur de Jametz, capitaine des cent Allemands de la garde du roi François Ier., et en quatrièmes noces, en 1532, avec Gilles de Linières, baron d'Orvau. Elle eut de son second mari :

Jacqueline de la Trémoïlle, dame de Jonvelle, de Dracy, de St.-Loup, de Conflans, de Mery, de Courcelles, et de Château-Guillaume, qui avait été accordée, le 20 février 1516, à Guillaume,

---

ANCIENS VICOMTES DE THOUARS.

Almodis de Thouars, seconde femme de Gui, vicomte *de Comborn*, en 1277;

6°. Guillaume de Thouars, baron de Candé, seigneur du Lyon d'Angers, de Chalain et de Chanzeaux, terres qu'il céda, en 1245, à Geoffroi IV, baron de Châteaubriand. Il avait épousé, avant l'an 1237, Isabeau *de la Guerche*, dont il ne paraît pas avoir eu d'enfants.

XI. Gui Ier., vicomte DE THOUARS, en 1226 et 1242, mort avant 1247, avait épousé Alix, dame DE MAULÉON, de Talmont et de Benon, fille de Savari, seigneur de Mauléon, chevalier célèbre, et d'Amielle de Ré. Ses enfants furent :

[margin: …e MAULÉON : …me à la pag. 25.]

1°. Aimeri VIII, dont l'article suit;

2°. Renaud de Thouars, seigneur de Vihiers et de Tiffauges, mort en 1269, sans enfants, d'Aliénor *de Soissons*, sa femme, fille de Jean II, comte de Soissons, et de Marie, dame de Chimay et du Tour. En 1274, Aliénor transigea avec Gui II, vicomte de Thouars, neveu de feu son mari, au sujet de leurs prétentions respectives sur le Talmontais et l'île de Ré. Elle vivait encore au mois de février 1279;

3°. Savari de Thouars, vivait en 1260 et 1269.

XII. Aimeri VIII, vicomte DE THOUARS, en 1250, mort avant l'an 1269, avait épousé Marguerite DE LUSIGNAN, fille de Hugues X, sire de Lusignan, comte de la Marche, et d'Isabelle d'Angoulême. Elle avait épousé, en premières noces, Raimond VIII, comte de Toulouse, dont elle avait été séparée par sentence du Saint-Siége de l'an 1245. Ayant survécu au vicomte Aimeri, elle épousa, en troisième noces, Geoffroi V, baron de Châteaubriand, dont elle fut la seconde femme,

[margin: …e LUSIGNAN : …elé d'argent et …ur; à six lion…ux de gueules, …chants sur le …t.]

baron de Montmorency, lequel n'avait alors que treize ans. Ce mariage n'ayant pas eu lieu, elle épousa, le 13 janvier 1526, Claude *Gouffier*, duc de Roannais, comte de Caravas et de Maulevrier, marquis de Boisy, baron de St.-Loup, de Pouzauges, de Passavant, et de Bourg-sur-Charente, alors chevalier de l'ordre du Roi, capitaine de cent gentilshommes de l'ancienne bande de S. M., premier gentilhomme de la chambre, et depuis grand-écuyer de France. Il était fils aîné d'Artus Gouffier, comte d'Etampes, de Caravas et de Maulevrier, grand-maître de France, gouverneur de Dauphiné, et d'Hélène de Hangest-Genlis, dame de Magny. Elle mourut du vivant de son mari, en 1548;

ANCIENS VICOMTES DE THOUARS.

et mourut en 1283. Elle avait eu d'Amauri VIII, vicomte de Thouars, son second mari :

1°. Gui II, dont l'article suit;
2°. Alix de Thouars, première femme de Geoffroi VII, baron *de Châteaubriand*, fils de Geoffroi VI, baron de Châteaubriand, et d'Isabeau de Machecoul. Elle fit son testament en 1310, et fut inhumée dans l'église de Pouzauges.

XIII. Gui II, vicomte DE THOUARS, en 1269, sire de Talmont, chevalier, mourut le 26 septembre 1308. Il avait épousé Marguerite DE BRIENNE, fille de Jean de Brienne, Ier. du nom, comte d'Eu, et de Béatrix de Châtillon-Saint-Pol. Elle mourut le 20 mai 1310, laissant :

DE BRIENNE : écartelé, aux 1 et 4 d'azur, semés de billettes d'or; au lion du même, qui est *de Brienne*; aux 2 et 3 *de Champagne*, et sur le tout de *Jérusalem*.

1°. Jean, qui suit;
2°. Louis de Thouars, sire de Talmont, en 1330 et 1357;
3°. Hugues de Thouars, qualifié vicomte, chevalier, seigneur de Pouzauges et de Mauléon. Il défendit les côtes de la Rochelle en 1295, avec Jean II, sire de Harcourt, et s'opposa à une descente qu'avait projetée Edouard Ier., roi d'Angleterre. Il servait encore en 1303, et mourut en 1324. Il avait épousé 1°. Isabeau *de Noyers*, fille de Miles V, sire de Noyers, et de Marie de Châtillon; 2°. Jeanne *de Bauçay*. Ses enfants furent;

Du premier lit :

A. Miles de Thouars, Ier. du nom, seigneur de Pouzauges et de Tiffauges, qui servait, en qualité de chevalier bachelier, en 1340 et 1353, et s'allia avec Jeanne, dame *de Chabanais* et de Confolens, dont il eut :

5°. Anne de la Trémoïlle, mariée 1°. le 26 novembre 1464, avec Louis *d'Anjou*, bâtard *du Maine*, baron de Mezières, seigneur de St.-Aubin, de Villènes et de Ferrières, gouverneur et sénéchal du Maine, fils naturel de Charles Ier. d'Anjou, comte du Maine. Il fit son testament en 1478; 2°. avec Guillaume *de Rochefort*, chevalier, seigneur de Pleuvaut, chancelier de France, mort le 12 août 1492, fils de Jacques, seigneur de Rochefort, et d'Agnès de Cléron; 3°. le 16 janvier 1494, avec Jacques *de Rochechouart*, seigneur de Charroux, du Bourdet, d'Yvoy et de Fontmoreau, fils de Geoffroi de Rochechouart, seigneur du Bourdet, et d'Isabeau Brachet, dame de Charroux;

6°. Antoinette de la Trémoïlle, alliée, le 8 juillet 1473, avec Charles

---

ANCIENS VICOMTES DE THOUARS.

a. Renaud de Thouars, chevalier, sire de Pouzauges de Chabanais et de Confolent, qui servit à l'armée de Guienne, sous le connétable du Guesclin, en 1371, suivit le roi dans la campagne de Flandre, 1382, et contribua à la prise de Bourbourg. Il s'allia avec Catherine *de Lohéac*, fille d'Eon, sire de Lohéac, et de Béatrix de Craon. Il en eut deux fils et une fille.

I. Miles de Thouars, IIe. du nom, chevalier, sire de Pouzauges, de Chabanais et de Confolent. Il fut nommé gouverneur de Fontenay-le-Comte, le 30 janvier 1411, et vivait en 1419. Il avait épousé Béatrix de *Montejean*, fille de Briant V, sire de Montejean, de Briançon et de Becon, et de Marie de Montrelais. Elle se remaria avec Jacques Meschin, chevalier, seigneur de la Roche-Ayraut et de la Bâtardière, chambellan du roi et du duc de Berry, en 1423. Elle eut de son premier mari:

Catherine de Thouars, dame de Pouzauges, de Chabanais et de Confolent, mariée 1°. le 30 novembre 1420, avec Gilles *de Laval*, seigneur de Raix, maréchal de France, mort le 23 décembre 1440, fils aîné de Gui de Laval, IIe. du nom, seigneur de Blazon, et de Marie de Craon, dame de Chantocé et d'Ingrande; II°. avec Jean *de Vendôme*, IIe. du nom, vidame de Chartres, chevalier, conseiller et chambellan du roi, fils de Robert de Vendôme, chevalier, seigneur de Lassay, de la Ferté-Arnaud et de Villepreux, et de Jeanne de Chartres. Elle mourut après l'an 1460, ayant porté tous les

de Husson, comte de Tonnerre, baron de Saint-Aignan et de Selles, mort en 1492, fils de Jean de Husson, comte de Tonnerre, et de Jeanne Sanglier. Elle eut en dot 16,000 écus d'or (environ 175,000 francs, monnaie actuelle), avec la terre de la Pile St.-Mars, en Touraine;

7°. Catherine de la Trémoïlle, abbesse de Ronceray, près d'Angers.

Fils naturel de Louis Ier., sire de la Trémoïlle, et de Jeanne de la Rue.

Jean, bâtard de la Trémoïlle, *seigneur de la Brèche et de Sully-sur-Loire, que le roi Charles VIII légitima par lettres du mois de janvier 1485. Son père lui fit don de 2,090 écus d'or. Il épousa Charlotte* d'Autry, *fille d'honneur de la duchesse d'Orléans, mère du roi Louis XII, et fille d'Olivier*

ANCIENS VICOMTES DE THOUARS.

biens de sa branche dans la maison des vidames de Chartres;

II. Jean de Thouars, mort jeune;

III. Béatrix de Thouars, femme de Geoffroi V, comte *de Quintin*. Elle ne vivait plus en 1414.

b. Gaucher de Thouars, seigneur de Tiffauges, mort sans enfants de Jeanne *d'Amboise*, qui, d'abord veuve de Geoffroi de Mortagne, vicomte d'Aunay, se remaria en troisièmes noces avec Guillaume Flotte, seigneur de Revel, chancelier de France. Elle était fille de Pierre Ier., seigneur d'Amboise et de Jeanne, dame de Chevreuse.

B. Aimeri de Thouars, vivant le 12 juillet 1362;

C. Renaud de Thouars, élu évêque de Luçon, le 16 mai 1334, décédé le 13 mars 1353;

D. Jean de Thouars, chevalier, seigneur de Pouzauges, décédé avant l'an 1340, sans enfants de Jeanne *de Mathas*, son épouse.

E. Marie de Thouars, femme de Robert, seigneur *de Mathas*:

F. Louise de Thouars, mariée avec Louis *de Beaumont*, seigneur de Bressuire.

Du second lit:

G. Gui de Thouars, seigneur de la Chaise, mort sans hoirs, après l'année 1353;

H. Eléonore de Thouars, femme de Gérard *de Machecoul*, seigneur de la Benaste et du Bourgneuf, fils de Gérard de Machecoul, seigneur du Coutumier et de la Benaste, et d'Eustache Chabot. Eléonore de Thouars mourut le 26 décembre 1363;

4°. Marguerite de Thouars, seconde femme de Guillaume *l'Archevêque*,

d'Autry, seigneur de la Brosse, et de Catherine de Giverlay. Leurs enfants furent :

I. N...... de la Trémoïlle, mort jeune, et inhumé dans l'église de Notre-Dame de Cléry;

II. André de la Trémoïlle, archidiacre de Poitiers, qui céda son droit d'aînesse à Louis, son frère puîné;

III. Louis de la Trémoïlle, seigneur de la Brèche et en partie de Sully-sur-Loire, marié avec Antoinette *de Ternant*, fille de Philippe de Ternant, seigneur de la Motte et d'Apremont, chevalier de la Toison d'Or, et de Jeanne de Roye. Elle fut mère de vingt-deux enfants, entr'autres :

---

sire *de Parthenay*, de Vouvant et de Mervant, fils de Hugues l'Archevêque, 3e. du nom, sire de Parthenay, et de Valence de Lusignan;

5°. Isabeau de Thouars, mariée avec Louis *de Sancerre*, chevalier, seigneur de Sagonne, fils aîné de Jean Ier., comte de Sancerre, et de Marie, dame de Vierzon.

XIV. Jean, vicomte DE THOUARS, sire de Talmont, de Mauléon et de l'île de Ré, fut armé chevalier par le roi Philippe-le-Bel, le jour de la Pentecôte 1313, et mourut le 25 mai 1332. Il avait épousé Blanche DE BRABANT, qui mourut le 21 juillet 1306. Elle était fille puînée de Geoffroi de Brabant, seigneur d'Arschot, et de Jeanne, dame de Vierzon. Ils eurent deux fils :

DE BRABANT : de sable, au lion d'or.

1°. Louis, dont l'article suit;

2°. Jean de Thouars, chevalier, seigneur de la Chaise-le-Vicomte, en 1341 et 1354, mort sans avoir eu d'enfants de Marguerite *de Parthenay*, son épouse.

XV. Louis, vicomte DE THOUARS, sire de Talmont, de Mauléon et de l'île de Ré, servit en qualité de chevalier banneret en 1338, 1339, 1340, 1341 et 1345, et mourut le 7 avril 1370. Il avait épousé, 1°. Jeanne IIe., comtesse DE DREUX, dame de Saint-Valéry et de Gamaches, morte en 1355, fille de Jean II, comte de Dreux, de Braine et de Joigny, grand-chambrier de France, et de Perronnelle de Sully, sa seconde femme; 2°. Isabeau D'AVAUGOUR, veuve de Geoffroi VIII, baron de Châteaubriand, et fille de Henri, IVe. du nom, seigneur d'Avaugour et de Jeanne de Harcourt. Cette seconde femme fit son testament le

DE DREUX : échiqueté d'or et d'azur; à la bordure de gueules.

D'AVAUGOUR : d'argent, au chef de gueules.

A. Jean de la Trémoïlle, chevalier, seigneur de la Brèche, co-seigneur de Sully, qui fut assassiné dans sa maison de Dormans. Il avait épousé, 1°. en 1554, Luce *d'Autry*, dame de Venteuil, veuve d'Antoine d'Ancienville, chevalier, seigneur de Villiers et de Venteuil, écuyer tranchant ordinaire du roi, capitaine (gouverneur) et bailli d'épée de Sezanne, et fille de Louis d'Autry, seigneur de Courcelles, et de Marguerite de Veausse. Elle transigea, le 1er. septembre 1556, avec Claude d'Autry, son frère aîné, et ne vivait plus le 18 février de la même année (V. S.); 2°. Marguerite *de la Haye*, fille aînée et principale héritière de Charles

---

5 juin 1400, et mourut sans postérité. Les enfants issus du premier lit furent :

1°. Jean de Thouars, seigneur de la Chaise-le-Vicomte et de Mortagne, qui servait en qualité de chevalier en 1345, et mourut avant sa mère ;

2°. Simon de Thouars, comte de Dreux, lequel fut accordé, le 1er. juillet 1362, avec Jeanne *d'Artois*, fille de Jean d'Artois, comte d'Eu, et d'Isabeau de Melun. Il périt dans un tournoi donné le jour même de la célébration de ses noces, en 1365 ;

3°. Perronnelle, vicomtesse de Thouars, comtesse de Dreux et de Benon, dame de Marans et de Talmont, mariée 1°. avec Amauri IV, sire *de Craon*, lieutenant pour le roi en Poitou, Limosin, Saintonge, Angoumois et Périgord, décédé sans postérité le 30 mai 1371, fils de Maurice VII, sire de Craon et de Sablé, et de Marguerite de Mello ; 2°. vers 1378, avec Clément *dit* Tristan *Rouault*, chevalier, qui du chef de sa femme prit les titres de comte de Dreux et de vicomte de Thouars. Il était fils d'André Rouault, seigneur de Boismenant et de la Rousselière, et de Marie de Montfaucon. Il fit son testament, n'ayant point d'enfants, le 15 mars 1390. Sa veuve mourut l'an 1393 ;

4°. Isabeau, dont l'article suit ;

5°. Marguerite de Thouars, dame de la Chaise-le-Vicomte, de Talmont, de Cuizou, et de la troisième partie du comté de Dreux, qu'elle vendit au roi Charles V, en 1377. Elle était alors mariée à Gui *Turpin*, Ve. du nom, sire de Crissé et de Vihiers, chevalier-banneret, fils de Gui Turpin IVe. du nom, sire de Crissé et de Jeanne d'Avoir. Elle vivait encore le 23 octobre 1404.

XVI. Isabeau DE THOUARS, comtesse de Dreux et de Benon, vicom-

de la Haye, baron de Dormans, seigneur de Nogent-l'Artaut et de Nesle, et de Marguerite de Louan. Elle se remaria avec Louis d'Ancienville, baron de Réveillon, chevalier de l'ordre du Roi, gentilhomme ordinaire de la chambre, et lieutenant de cinquante hommes d'armes des ordonnances. Jean de la Trémoïlle eut pour enfants :

Du premier lit:

a. Anne de la Trémoïlle, dame de la Brèche, de Grand-Georges, de Sébouville, en Gâtinais, et en partie de Sully-sur-Loire, épouse de François *de Menon*, seigneur

---

tesse de Thouars, dame de Talmont, de Mauléon et de l'île de Ré, épousa, 1°. Gui II DE NESLE, seigneur de Mello et de Guinemicourt, chevalier, maréchal de France, tué au combat de Moron, en Bretagne, le 14 août 1352, fils de Jean Ier. de Clermont-Nesle, seigneur d'Offemont, de Mello et de Thorote, conseiller et chambellan du roi, et grand-queux de France, et de Marguerite, dame de Mello; 2°. Ingerger, Ier. du nom, dit *le Grand*, seigneur D'AMBOISE, chevalier, mort en 1373; fils de Pierre Ier., seigneur d'Amboise, de Montrichard et de Berrie, chevalier banneret, et de Jeanne, dame de Chevreuse; 3°. Guillaume DE HARCOURT, chevalier, sire de la Ferté-Imbault, fils de Jean IV, comte de Harcourt, vicomte de Châtellerault, seigneur d'Elbeuf et de Brionne, et d'Isabeau de Parthenay. Du mariage d'Isabeau de Thouars et d'Ingerger d'Amboise sont issus :

DE NESLE : écartelé, aux 1 et 4 de gueules, semés de trèfles d'or; à deux bars adossés du même, qui est *de Nesle*; aux 2 et 3 bandés d'or et de gueules, avec un franc canton *de Montmorency Beausault*.

D'AMBOISE : palé d'or et de gueules.

DE HARCOURT : de gueules, à deux fasces d'or.

1°. Pierre II, seigneur d'Amboise, vicomte de Thouars, comte de Benon, mort en 1422, sans postérité des deux alliances qu'il avait contractées 1°. avec Jeanne *de Rohan*, veuve de Robert d'Alençon, comte du Perche, et fille d'Edouard de Rohan, vicomte de Léon, et de Marguerite de Châteaubriand; 2°. avec Isabeau *Goyon de Matignon*, fille de Bertrand Goyon, IIIe. du nom, sire de Matignon, et de Marie de Rochefort;

2° Ingerger II, qui suit;

3°. Perronnelle d'Amboise, femme d'Olivier *du Guesclin*, comte de Longueville, frère du connétable du Guesclin.

XVII. Ingerger D'AMBOISE, IIe. du nom, seigneur de Marans, de Rochecorbon, épousa Jeanne DE CRAON, fille aînée de Pierre, sire de

DE CRAON : losangé d'or et de gueules.

de Turbilly, fils de François de Menon, seigneur de Turbilly, et de Marie de la Roussière;

b. Marie de la Trémoïlle, alliée, 1°. avec N...... *de Vauberger*, seigneur de Landeronde, 2°. avec René *de Bodio*, seigneur de la Coudre et de la Lande-Chasse, en Anjou;

Du second lit:

c. Léonore de la Trémoïlle, mariée avec Ambroise *de Guérin*, seigneur de Poisieux;

Craon, seigneur de la Suse et de Chantocé, et de Catherine de Machecoul, sa seconde femme. Ingerger mourut en 1410, laissant:

1°. Louis, dont l'article suit;

2°. Jacqueline d'Amboise, mariée, le 17 juillet 1424, avec Jean *de la Trémoïlle*, seigneur de Jonvelle;

3°. Perronnelle d'Amboise, mariée, le 13 juin 1412, avec Hardouin, baron *de Maillé;*

4°. Isabelle d'Amboise, femme de Jean *d'Ancenis*, seigneur de Martigné-Ferchaut.

XVIII. Louis, sire D'AMBOISE, chevalier, vicomte de Thouars, prince de Talmont, comte de Guines et de Benon, seigneur de Mauléon, de Montrichard, de l'île de Ré et de Marans, mort en 1469, avait épousé, 1°. Marie DE RIEUX, dame de Nozay et de Fougeré, morte le 24 janvier 1465, fille de Jean III, sire de Rieux et de Rochefort, baron d'Ancenis, vicomte de Donges, et de Béatrix de Montauban, sa première femme; 2°. le 24 janvier 1466, Nicole, *aliàs* Colette DE CHAMBES, morte sans enfants le 12 mai 1442, fille de Jean de Chambes, IIe. du nom, baron de Montsoreau, et de Jeanne Chabot. Du premier lit sont issues:

1°. Françoise d'Amboise, comtesse de Benon, mariée en 1431, à Pierre II, duc *de Bretagne;*

2°. Perronnelle d'Amboise, première femme de Guillaume *de Harcourt*, comte de Tancarville, connétable héréditaire de Normandie. Elle mourut le 28 juillet 1453;

B. Claude, *aliàs* Gabrielle de la Trémoïlle, qui épousa Anduette *de Crécy*, dont il eut :

Élisabeth de la Trémoïlle, femme, en 1570, de Louis *de Jaucourt*, seigneur de Villarnoul, fils de Jean de Jaucourt, seigneur de Villarnoul, chevalier, et de Françoise de Bar, dame d'Etrechy ;

C. Trois fils qui embrassèrent l'état ecclésiastique ;

D. Valentin de la Trémoïlle, qui n'eut point d'enfants d'Anne *de Valory*, son épouse ;

E. Anne de la Trémoïlle, femme de N..... *des Croix*, seigneur de St.-Antoine du Rocher, près Tours ;

F. Quatre autres filles, qui furent religieuses.

XVI. Louis IIe. du nom, sire DE LA TRÉMOÏLLE (1), vicomte de Thouars, prince de Talmont, comte de Guines et de Benon, baron de Sully, de Craon, de Montagu, de l'Isle-Bouchard et de Mauléon, seigneur des îles de Ré et de Marans, chevalier de l'ordre du Roi, premier chambellan de S. M., amiral de Guienne et de Bretagne, lieutenant-général pour le roi en Bourgogne et successivement au duché de Milan, en Bretagne, en Normandie,

(1) Il portait : écartelé aux 1 et 4 *de la Trémoïlle ;* au 2 *de Thouars ;* au 3 *de Craon ;* et sur le tout *de l'Isle-Bouchard.*

ANCIENS VICOMTES DE THOUARS.

3°. Marguerite d'Amboise, princesse de Talmont, dame de Berrie, des Olonnes, de Château-Gontier, de Marans, des Sables, etc., mariée, le 22 août 1446, à Louis Ier. sire *de la Trémoïlle.*

ARMES *des anciens vicomtes de Thouars :* d'or, semé de fleurs de lys d'azur ; au franc canton de gueules.

Nota. Il existait au XIVe. siècle, dans les Pays-Bas, une famille *de Thouars*, qui n'avait rien de commun que l'orthographe du nom, avec les anciens vicomtes de Thouars, dont on vient d'esquisser la généalogie. Cette famille de Thouars possédait les seigneuries de Lovense et de Mortaigne sur la Dyle, à cinq quarts de lieue de Jemmapes. Elle s'est alliée aux familles de la Bouverie, de Broyart-Calckenbourg, de Cambry-Houplines, de Carnaux, de Clutin-d'Oissel, de Grebert, de Prud'homme-d'Haillies, de le Walle, etc. ; elle portait pour armoiries : *De gueules, semé de trèfles d'or ; au léopard du même, brochant sur le tout.*

en Poitou, en Saintonge, en Angoumois, au pays d'Aunis et en Anjou, général des armées françaises en Italie, naquit le 20 septembre 1460. Sa haute valeur et ses vertus publiques et privées lui ont mérité de ses contemporains et de la postérité le surnom glorieux *de chevalier sans peur et sans reproches*, qu'il n'a partagé qu'avec Bayard, son émule et son compagnon d'armes, et il dut à son expérience et sa sagesse, celui de *grand capitaine* (1) dans le siècle des Nemours et des Gonzalve de Cordoue. Elevé parmi les pages de Louis XI, il fit ses premières armes sous Georges de la Trémoïlle, sire de Craon, son oncle; servit à la conquête du Roussillon, en 1475, puis en 1477 à celle de l'Artois, du Cambresis et du Hainaut, et accompagna Chaumont d'Amboise dans l'expédition de Bourgogne, en 1479. Ce seigneur sut déployer dans ces diverses campagnes un courage et une capacité bien remarquables, puisque, dès l'âge de vingt-huit ans, Charles VIII, étant à Tours, le choisit pour commander en chef l'armée rassemblée pour l'expédition de Bretagne, qui avait pour objet de soumettre le duc d'Orléans (depuis Louis XII), les ducs d'Alençon et d'Angoulême, et le vicomte de Narbonne, ligués contre le roi, et soutenus dans leur rebellion par le duc de Bretagne (2). La Trémoïlle ne fut pas long-temps à justifier une confiance qui pouvait paraître prématurée. Il se met en marche au mois d'avril 1488, prend Châteaubriand par composition après neuf jours de siége, réduit Ancenis après quatre jours de tranchée, et n'en emploie que huit pour obliger Fougères à capituler. Effrayés de la rapidité de ses progrès, les princes ligués marchent vers Saint-Aubin du Cormier, où ils espèrent arrêter la marche victorieuse des troupes royales. La Trémoïlle leur livre bataille le 28 juillet, et met leur armée dans une déroute complète (3). Les villes de Rennes, de Di-

(1) Guichardin lui donne le titre de *premier capitaine du monde*, et Paul Jove ajoute qu'il fut *la gloire de son siècle, et l'ornement de la monarchie française*.

(2) On a été induit en erreur par Anquetil, lorsqu'on a dit, tome IX, page 351, du *Dictionnaire historique des Généraux Français*, que la Trémoïlle eut ce commandement en 1485, à l'âge de vingt-quatre ans.

(3) L'armée bretonne avait à sa solde deux corps auxiliaires, allemand et

nan, de Saint-Malo, et cinq ou six autres places importantes ouvrent leurs portes aux Français, et le duc de Bretagne est contraint de demander humblement la paix, qui lui est accordée le 21 août. On sait quelles furent les suites de cette expédition glorieuse, au succès de laquelle paraissaient attachés le sort de la Bretagne, et la réunion ultérieure de cette belle province à la France, par suite du mariage de la duchesse Anne, avec les rois Charles VIII et Louis XII. Le premier de ces deux mariages fut le fruit de nouveaux succès obtenus, en 1491, par la Trémoïlle. La duchesse Anne, qui était fiancée à Maximilien, roi des Romains, n'avait voulu se rendre qu'après avoir soutenu un siége dans Rennes, et après avoir été réduite à capituler. Aussi habile négociateur que grand général, la Trémoïlle fut envoyé en ambassade vers ce même Maximilien, devenu empereur, et ensuite vers le pape Alexandre VII, pour disposer ces souverains à favoriser le passage des troupes de Charles VIII en Italie. En 1494, le sire de la Trémoïlle accompagna ce prince à la conquête du Milanais et du royaume de Naples. Lors du retour de l'armée française, réduite à neuf mille hommes, il sauva l'artillerie, qu'on proposait d'enclouer, en la faisant hisser dans les Apennins(1). Cette résolution fut le salut des Français, qui, peu de jours après, le 5 juillet 1495,

---

anglais. Elle laissa trois mille hommes sur le champ de bataille; six mille prisonniers, avec tous les bagages, tombèrent au pouvoir des vainqueurs. Cette journée fut d'autant plus meurtrière qu'on ne fit aucun quartier aux Anglais, ni aux officiers et soldats français qui s'étaient attachés aux princes mécontents. Cependant le duc d'Orléans et le prince d'Orange reçurent du sire de la Trémoïlle tous les égards dus à leur rang. Il les invita à sa table, avec les capitaines qui les accompagnaient; mais à la fin du repas il se lèva, et, leur adressant la parole, il leur dit d'une voix véhémente : « Princes, il ne m'appartient pas de » prononcer sur votre sort. Mais vous, capitaines, qui avez été pris en » combattant contre votre prince et votre patrie, mettez promptement ordre » aux affaires de votre conscience. » Les princes firent d'inutiles sollicitations pour obtenir la grâce de ces officiers; tous eurent immédiatement la tête tranchée.

(1) Cette opération avait été regardée jusqu'alors comme impraticable. Le sire de la Trémoïlle, pour animer ses soldats par son exemple, se chargea lui-même de divers projectiles en fonte, et marcha à leur tête dans des montagnes presque inaccessibles.

se trouvèrent en présence de 40,000 coalisés, près du village de Fornoue, sur le Tar. La Trémoïlle eut la principale part à cette victoire signalée, en commandant le corps de bataille où se trouvait le roi Charles VIII avec ses neuf preux. Ce fut la Trémoïlle qui, lorsque l'avant-garde française, ébranlée par le choc d'une masse aussi formidable, commençait à plier, rétablit le combat, et bientôt après fixa la victoire sous ses drapeaux, en dispersant un corps de 800 lances (4,000 chevaux) que commandait le marquis de Mantoue, général en chef de l'armée ennemie. A son retour en France, il fut pourvu de la lieutenance générale de Poitou, de Saintonge, d'Angoumois, d'Anjou, d'Aunis et des marches de Bretagne. Au mois d'avril 1498, il représenta le grand chambellan de France aux obsèques de Charles VIII. Louis XII, en montant sur le trône, donna un témoignage public d'estime pour le sire de la Trémoïlle, en le chargeant immédiatement des négociations les plus délicates, telles que la rupture de son premier mariage avec Jeanne de France, et la signature des articles de son second hymen avec la veuve de Charles VIII. Des courtisans, jaloux de la confiance du prince dans ce grand capitaine, se plurent à lui rappeler la fatale journée de Saint-Aubin du Cormier : mais le monarque, aussi généreux que digne appréciateur du vrai mérite, répondit que « si la Tré-» moïlle avait si bien servi son souverain contre lui, il ne dou-» tait pas qu'il ne servît son nouveau prince avec la même affec-» tion contre les ennemis de l'état, et qu'on pouvait compter » que le roi de France ne vengerait pas les injures faites au duc » d'Orléans. » Par lettres de 1499, où Louis XII qualifie le sire de la Trémoïlle *son cher et amé cousin*, son conseiller et chambellan et chevalier de son ordre, celui-ci fut mis à la tête d'une armée de 5,000 Français et de 10,000 Suisses, destinés à la conquête du Milanais. Ce général, après avoir soumis toute la Lombardie, s'avança, en 1500, près de Novare, coupa la retraite à Ludovic Sforce, usurpateur du duché de Milan, le fit prisonnier le 9 avril et le fit conduire en France. A son retour, le sire de la Trémoïlle fut nommé gouverneur-général de Bourgogne; puis, en 1502, il fut pourvu de la charge d'amiral de Bretagne, vacante par la mort du prince d'Orange, et ensuite de la dignité d'amiral de

Guienne. En 1503, il prit le commandement de l'armée destinée à combattre le fameux Gonzalve de Cordoue, général de Ferdinand d'Espagne dans le royaume de Naples. Louis XII avait choisi la Trémoïlle pour cette expédition, comme le seul chef qu'il pût opposer à un aussi grand capitaine; mais, la Trémoïlle étant tombé malade, son armée fut confiée provisoirement au marquis de Mantoue (Jean-François de Gonzague), dont l'irrésolution et l'inhabileté préparaient des revers aux Français. A peine la santé du sire de la Trémoïlle fut-elle rétablie, qu'il reprit son commandement, et il se disposait à marcher au secours de Gaëte, en 1504, lorsque Gonzalve fit conclure la paix, en donnant en échange de cette place tous les prisonniers français qui étaient en son pouvoir. Lorsque Louis XII, tombé dangereusement malade, fit son testament en 1505, il voulut, dans le cas où il viendrait à décéder pendant la minorité de ses enfants, que la Trémoïlle fût un des grands par lui désignés à qui fût confiée la direction des principales affaires du royaume. Il assista la même année au mariage de Ferdinand, roi d'Espagne, et de Germaine de Foix; fit la campagne de 1509 contre les Vénitiens, et commanda, le 14 mai, le centre de l'armée à la victoire d'Agnadel, où le célèbre Alviane fut fait prisonnier, et qui entraîna la soumission de Caravagio, Bergame, Brescia, Crémone, Peschiera, Vérone, Vicence et Padoue. En 1513, il fut chargé de négocier une capitulation avec les Suisses, et partagea avec Trivulce le commandement en chef de l'armée d'Italie, abandonnant à ce général la direction des marches et des campements, dans un pays qui l'avait vu naître et dans lequel depuis vingt ans il avait fait la guerre avec succès. La Trémoïlle fut bientôt désabusé de la trop grande confiance qu'il avait dans les lumières de son collègue. Trivulce fit prendre à l'armée, près de Novare, dont la Trémoïlle formait le siége, des positions tellement désavantageuses, sur un sol coupé de canaux et de ravins, qu'il ne put faire agir sa cavalerie. Les Suisses, profitant de cette faute, tombent sur les Français le 6 juin, et remportent une victoire qui force ceux-ci d'évacuer l'Italie. Ce revers, que suivit bientôt la défaite de Piennes, gouverneur de Picardie, à la honteuse journée d'Enguinégate, près de Thérouenne, réduisit les Français, si long-temps conquérants, à défendre leurs propres foyers contre des armées considérables. La Trémoïlle se jette dans Dijon, place alors presque sans défense, mais où un homme de cœur pouvait encore tenir long-temps. Investi, le 7 septembre de la même année 1513, par 30,000 Suisses, que commande Jacques de Watteville, par le duc de Wurtemberg et le comte de Furstemberg, qui couvrent le siége à la tête d'une brillante et nombreuse cavalerie, enfin par les troupes de Franche-Comté, qui, sous les ordres du maréchal de Vergy, traînent à leur suite la grosse artillerie de l'empereur, la Trémoïlle se prépare à une vive résistance; néanmoins, prévoyant l'issue inévitable d'une lutte aussi disproportionnée, il sème adroitement la défiance, et bientôt la discorde dans le camp ennemi, et parvient par un traité secret à détacher de la coalition les Suisses, qui, moyennant une somme de 20,000 écus, abandonnent une conquête aussi importante que facile (1). En 1515, il commanda un corps d'armée dans le Milanais, et contribua, le 13 novembre, à la victoire remportée sur les Suisses à Marignan (2). Appelé au gouvernement de la Picardie après la défection du connétable de Bourbon, il défendit cette province, en 1523, contre les armées réunies de l'empereur Charles-Quint, et de Henri VIII, roi d'Angleterre. Il marcha en Provence, en 1524; et, de concert avec le maréchal de la Palisse, il força, au mois de septembre, le connétable de Bourbon de lever le siége de Marseille. Enfin, ayant rejoint le roi François Ier. en Italie, il fut tué sous les yeux de ce monarque à la bataille de Pavie, qui avait été livrée le 24 février 1525 (N. St.),

(1) Ce traité, fruit de la sagesse et de l'habileté de la Trémoïlle, fut le plus grand service qu'il ait rendu à la France; la défection des Suisses déconcerta tous les projets de l'empereur et du roi d'Angleterre, que rien ne pouvait empêcher de venir à Paris après la prise de Dijon. Les vingt mille écus furent levés parmi les officiers de la Trémoïlle, et lui-même leur montra l'exemple, en donnant tout ce qu'il possédait. Il avait promis aux Suisses 400,000 ducats en trois paiements; mais le roi ne voulut point ratifier ce traité.

(2) L'action dura deux jours; 15,000 Suisses restèrent sur le champ de ba-[illegible] Les Français ne perdirent que 4,000 hommes; mais le sire de la Tré-[illegible] eut la douleur de voir périr sous ses yeux son fils unique, le prince de Talmont, gouverneur de Bourgogne.

malgré ses représentations (1), et par l'avis de Bonnivet, qui succomba également dans cette funeste journée, où périt l'élite de la noblesse française, et où le roi fut fait prisonnier. La Trémoïlle était dans sa soixante-cinquième année, et il avait consacré cinquante ans au service des rois Louis XI, Charles VIII, Louis XII et François Ier. (*Dict. hist. des Généraux Français*, *t.* IX, *p.* 351). Son corps fut transporté en France, et inhumé en l'église collégiale de N.-D. de Thouars, qu'il avait fondée dans son château, sur le modèle de la Sainte-Chapelle de Paris. Il avait épousé 1°. à Montferrand, le 9 juillet 1485, Gabrielle DE BOURBON, morte à Thouars le 31 décembre 1516, fille de Louis de Bourbon, comte de Montpensier et de Clermont, dauphin d'Auvergne, et de Gabrielle de la Tour, dite de Boulogne, sa seconde femme; 2°. à Paris, le 7 avril 1517, Louise BORGIA, duchesse de Valentinois, fille de César Borgia, duc d'Urbin, de Camerin, de Valentinois, etc., gonfalonnier de l'église, et de Charlotte d'Albret, sœur de Jean, roi de Navarre. Il n'eut point d'enfants de cette seconde femme, qui se remaria, le 3 février 1530, avec Philippe de Bourbon, seigneur et baron de Busset. Du premier lit est issu Charles, qui suit.

DE BOURBON : de *France*, à la cotice de gueules, chargée en chef d'un écusson d'or à un dauphin d'azur, peautré et crêté d'argent.

BORGIA : écartelé, aux 1 et 4 d'or, à une vache paissante de gueules; à la bordure du même, semée de flammes d'or, qui est *de Borgia*; aux 2 et 3 contre-écartelés *de France* et *d'Albret*.

(1) La Trémoïlle était à Milan, lorsque l'armée impériale parut sous les murs de Pavie, dont François Ier. pressait vivement le siége. Appelé par ce monarque pour prendre part à l'action, il osa presque seul dans le conseil s'opposer à une attaque imprudente dont les résultats ne pouvaient être douteux, l'armée française, excédée de fatigues et affaiblie par les secours qui en avaient été tirés pour le royaume de Naples et pour Milan, se trouvant entre une ville dont la garnison montait à 5,000 hommes d'infanterie, et une armée fraîche présentant une masse plus que double des troupes du roi. La Trémoïlle fut d'avis de lever immédiatement le siége, prétendant que les lansquenets, qui formaient une partie des forces de l'ennemi, voyant la guerre tirer en longueur, ne manqueraient pas d'exiger le paiement de leur solde, ce qui devait amener infailliblement le désordre et la division parmi les Impériaux; enfin, pour vaincre la répugnance de François Ier. au seul mot de retraite, il ajouta que celle qu'il proposait devait procurer à l'armée des avantages plus réels que le gain d'une bataille, et qu'il n'y avait pas moins d'honneur à rendre vains les efforts de ses adversaires par l'industrie et la patience, qu'à combattre hardiment et vaillamment. Mais les sages conseils de ce vieux général furent rejetés par les courtisans, et leur présomption prévalut dans l'esprit du monarque.

XVII. Charles DE LA TRÉMOÏLLE (1), prince de Talmont et de Mortagne, comte de Taillebourg, baron de Royan, gouverneur de Bourgogne, né en 1487, fut tenu sur les fonts de baptême par le roi Charles VIII. En 1498, il assista aux obsèques de ce prince, avec les ducs de Montpensier, de Guise, de Dunois et d'Albanie. Il accompagna Louis XII avec l'armée qui soumit Gênes en 1507, et combattit à l'avant-garde à la bataille d'Agnadel, le 14 mai 1509. Nommé gouverneur de Bourgogne le 9 mai 1513, pendant l'absence de son père, il se distingua à la défense de Dijon, marcha contre les Suisses en 1515, et périt à la bataille de Marignan le 14 septembre de la même année. La perte de ce jeune seigneur, qui donnait les plus belles espérances, excita les regrets du roi et de toute l'armée. Son corps, criblé de plus de soixante blessures, fut transporté du champ de bataille en l'église de N.-D. de Thouars. Il avait épousé, le 7 février 1501, Louise DE COETIVY, morte à Berrie en 1553, et inhumée près de son époux. Elle était fille unique et héritière de Charles de Coetivy, comte de Taillebourg, prince de Mortagne-sur-Gironde, baron de Royan, et de Jeanne d'Orléans-Angoulême, tante du roi François Ier. De ce mariage est issu un fils qui suit.

DE COETIVY : écartelé, aux 1 et 4 fascés d'or et de sable, qui est *de Coetivy*; aux 2 et 3 d'azur, à 3 fleurs de lys d'or, au bâton de gueules péri en barre, qui est *de France légitime*.

XVIII. François, sire DE LA TRÉMOÏLLE (2), vicomte de Thouars, prince de Talmont, comte de Guines, de Benon et de Taillebourg, baron de Craon, de Royan, de Sully, de Montagu, seigneur de l'Isle-Bouchard, de Brandois, de Mauléon, de Mareuil, de Marans, de Ré, de Rochefort, de Sainte-Hermine, de Doué, etc., capitaine de cent hommes d'armes, nommé, le 4 avril 1527, lieutenant-général des provinces de Poitou et Saintonge et du pays d'Aunis, et chevalier de l'ordre du Roi le 29 septembre de la même année, avait assisté à la bataille de Pavie, le 24 février 1525. Fait prisonnier dans cette funeste journée, il paya 9,000 écus d'or pour racheter sa liberté. En 1527, il fit la campagne d'Italie sous Odet

(1) Il portait : écartelé, aux 1 et 4 tiercés en pal *de la Trémoïlle*, *de Thouars*, et *de Craon*; aux 2 et 3 *de Bourbon-Montpensier*.

(2) Il portait : coupé de 3 traits, partis d'un ; au 1 *de la Trémoïlle*; au 2 *de Bourbon*; au 3 *de Coëtivy*; au 4 *de Valois*; au 5 *de Thouars*; au 6 *de Craon*; au 7 *de Milan*; au 8 *de Coëtivy*.

de Foix, vicomte de Lautrec, et celle de Naples en 1528; fut chargé par François Ier de recevoir Charles-Quint à Poitiers, lorsque ce monarque passa par la France, en 1540, pour aller réprimer les Gantais révoltés, et fut ensuite envoyé en Guienne et en Languedoc pour pacifier les troubles qui s'étaient élevés dans ces provinces. Il mourut en son château de Thouars, le 5 janvier 1541, à l'âge de 39 ans. Il avait épousé à Vitré, le 23 février 1521, Anne DE LAVAL, morte à Craon en 1554, fille de Gui XVI, comte de Laval, de Montfort et de Quintin, vicomte de Rennes, sire de Vitré et de la Roche, lieutenant-général au gouvernement de Bretagne, et de Charlotte d'Aragon, princesse de Tarente, du chef de laquelle la maison de la Trémoïlle est devenue héritière des droits les plus directs à la possession du royaume de Naples. De ce mariage sont issus :

E LAVAL : à la croix de ...es, chargée coquilles d'ar- et cantonnée alérions d'a-

1°. Louis III, dont l'article suit;

2°. François de la Trémoïlle, comte de Benon, baron de Montagu, de Mareuil, de Mornac, etc., seigneur de Curson et de Champdolent. Il accompagna le vicomte de Thouars, son père, en 1540, lorsque celui-ci reçut l'empereur Charles-Quint à Poitiers; assista, à Saint-Denis, en 1549, au couronnement de la reine Catherine de Médicis; partagea avec ses frères et sœurs, en 1550 et 1554; contribua, en 1552, à la défense de Metz, contre les forces de l'Empire, et mourut, en 1555, sans enfants de Françoise *du Bouchet*, fille de Charles du Bouchet, chevalier, seigneur de Puygreffier et de Sainte-Gemme, et de Madeleine de Fonsèque, et veuve d'André de Foix, vicomte de Villemur et de Castillon, général des armées du roi de Navarre;

3°. Charles de la Trémoïlle, baron de Mauléon, de Marans et de Doué, protonotaire du Saint-Siége, abbé de Saint-Laon et de Notre-Dame de Chambon, près de Thouars;

4°. Georges II de la Trémoïlle, auteur de la branche des *marquis de Royan, comtes d'Olonne*, mentionnée ci-après;

5°. Claude de la Trémoïlle, auteur de la branche des *marquis, puis ducs du Noirmoutier*, rapportée en son rang;

6°. Gui de la Trémoïlle, né en 1527, décédé en 1538;

7°. Anne de la Trémoïlle, morte jeune;

8°. Louise de la Trémoïlle, dame de Rochefort, vicomtesse de Monségur, mariée, le 15 septembre 1538, avec Philippe *de Levis*, marquis de Mirepoix, comte de Pardiac et de Fezensac, maréchal de la Foi, sénéchal de Carcassonne et de Beziers, fils de Jean V de Levis, baron de

Mirepoix, lieutenant-général en Languedoc, et de Charlotte d'Estouteville, sa seconde femme;

9°. Jacqueline de la Trémoïlle, baronne de Marans, des îles de Ré, de Brandois, de la Mothe-Achard et de Sainte-Hermine, mariée, en 1559, avec Louis *de Bueil*, comte de Sancerre, grand-échanson de France, chevalier de l'ordre du Roi, capitaine des cent gentilshommes de la garde de S. M., fils puîné de Jacques, sire de Bueil, comte de Sancerre et de Sagonne, et de Jeanne de Sains, sa seconde femme. Elle mourut en 1599;

10°. Charlotte de la Trémoïlle, qui prit le voile à Fontevrault, le 10 janvier 1535, et vivait encore en 1553.

Fille naturelle de François, sire de la Trémoïlle.

Charlotte légitimée de la Trémoïlle, *baronne de Bournezeau, mariée avec Charles* Rouhaud, *chevalier, seigneur de Landreau, fils d'André Rouhaud, et de Joachime d'Appelvoisin. Elle mourut avant son mari, qui épousa en secondes noces Catherine de la Rochefoucauld, veuve du seigneur du Puy-du-Fou.*

XIX. Louis III. du nom, sire DE LA TRÉMOÏLLE (1), premier duc de Thouars, prince de Tarente et de Talmont, comte de Taillebourg, de Guines et de Benon, baron de Sully, de Craon, de Mauléon, de l'Isle-Bouchard, de Berrie, de Briolay, de la Chaise-le-Vicomte, de Sainte-Hermine, de Neuvy, de Bommiers, etc., capitaine de cent hommes d'armes des ordonnances, naquit en 1521. Dès l'âge de neuf ans, il assista, en 1530, au couronnement de la reine Eléonore d'Autriche. Il paraît dans un acte du 18 juin 1542, avec la qualité de gouverneur et lieutenant-général pour le roi des provinces de Poitou, de Saintonge et de la Rochelle. La même année, il accompagna le dauphin Henri et le maréchal d'Annebaut en Roussillon. Il servit, au mois d'août, au siége de Perpignan, puis contre les Anglais, en Picardie, en 1543, sous le maréchal du Biez. En 1547, il fut un des quatre barons (François de Montmorency, Charles de Luxembourg, vicomte de Martigues, Claude, sire de Rieux, et lui), qui furent donnés pour otages de la sainte ampoule, lors du sacre du roi Henri II. Il passa en Angleterre avec

(1) Il portait : parti de 3 traits, coupés d'un; au 1 *de la Trémoïlle;* au 2 *de Bourbon;* au 3 *de Coëtivy;* au 4 *d'Orléans;* au 5 *de Milan;* au 6 *de Laval;* au 7 *de Thouars;* au 8 *de Craon.*

François de Bourbon, comte d'Enghien, François de Lorraine, marquis de Mayenne, le baron de Montmorency, et plusieurs autres seigneurs, pour se constituer otages du traité qui avait été signé à Boulogne, le 24 mars 1550, entre Henri II et Edouard VI. La même année, il partagea les biens de sa maison avec ses frères et sœurs. Employé à l'armée de Piémont, sous le maréchal de Brissac, en 1551, il se distingua à la prise d'assaut d'Ulpian. Il commandait cinquante hommes d'armes des ordonnances, et était chevalier de l'ordre du Roi, lorsque Charles IX lui fit don de lods et ventes, le 27 janvier 1561. Le même prince, pour reconnaître les services que lui avait rendus le sire de la Trémoïlle, érigea en sa faveur le vicomté de Thouars en duché, par lettres-patentes données à Gaillon, au mois de juillet 1563, vérifiées au parlement le 21 octobre suivant. En 1567, il commanda dans les pays situés le long de la Loire, joignit l'armée du duc d'Anjou, opposée au prince de Condé, et, en 1576, fut nommé lieutenant-général d'une armée levée en Poitou, pour combattre le comte du Lude, gouverneur de cette province pour les protestants. Après avoir soumis quelques places, il mit le siége devant Melle; mais, étant tombé malade dans son camp, il mourut le 25 mars 1577, le jour même de la reddition de cette ville : son corps fut transporté à Thouars, et inhumé près de ses ancêtres. Il avait épousé, le 29 juin 1549, Jeanne DE MONTMORENCY, nommée dame d'honneur de la reine Élisabeth d'Autriche, et décédée à Sully, le 3 octobre 1596. Elle était fille puînée d'Anne, duc de Montmorency, pair, grand-maître et connétable de France, gouverneur de Languedoc, et de Madeleine de Savoie. De ce mariage sont provenus :

DE MONTMORENCY : d'or, à la croix de gueules, cantonnée de 16 alérions d'azur.

1°. Anne de la Trémoïlle, prince de Talmont, } morts jeunes;
2°. Louis de la Trémoïlle, comte de Benon, }
3°. Claude, dont l'article suit;
4°. Louise de la Trémoïlle, morte jeune;
5°. Charlotte-Catherine de la Trémoille, mariée, à Saint-Jean-d'Angely, le 16 mars 1586, avec Henri I *de Bourbon*, prince de Condé, duc d'Enghien, comte de Soissons, etc., gouverneur de Picardie, fils de Louis Ier. de Bourbon, prince de Condé, et de Léonore de Roye-Roucy. Son époux lui avait fait embrasser la réforme, qu'elle abjura en 1596. Elle mourut à Paris, en l'hôtel de Condé, le 28 août 1629, après quarante-

un ans de viduité, et fut inhumée dans l'église des religieuses de Sainte-Claire de *l'Ave-Maria*.

Fils naturels de Louis III, sire de la Trémoïlle :

I. *Louis*, bâtard de la Trémoïlle, *légitimé au mois de septembre* 1551 ;

II. *François*, bâtard de la Trémoïlle, *baron de Bournezeau, seigneur de Molinfron et de Jouy, chevalier de l'ordre du Roi, gentilhomme ordinaire de la chambre. Il vivait en* 1583, *et avait épousé, le* 12 *octobre* 1581, *Jeanne* de Cugnac, *fille de Louis de Cugnac, baron d'Imonville, seigneur de Richerville, de Jouy, de la Rivière, d'Etrechy, etc., et de Mathée de Prunelé d'Herbault.*

XX. Claude, sire DE LA TRÉMOÏLLE, duc de Thouars, pair de France, prince de Tarente et de Talmont, comte de Guines, de Benon et de Taillebourg, baron de Sully, de Craon, de l'Isle-Bouchard, de Montagu, de la Chaise-le-Vicomte, de Mareuil, de Sainte-Hermine, de Doué, de Mauléon, de Berrie, de Didonne et de Rochefort, conseiller du roi aux conseils d'état et privé, capitaine de cent hommes d'armes des ordonnances, naquit en 1566. Dès l'âge le plus tendre, il joignit l'armée de Poitou, commandée par le duc de Montpensier, et fit les campagnes depuis 1574 jusqu'à la paix de Poitiers, en 1577. Il s'était trouvé à la reprise de Fontenay-le-Comte et de Talmont sur les religionnaires. En 1586, il servit en Guienne, contre le roi de Navarre, en qualité de général de la cavalerie française. Le sire de la Trémoïlle, ayant embrassé la religion prétendue réformée, joignit le prince de Condé, et contribua à la défaite du régiment de Tiercelin, où il fut grièvement blessé. A Coutras, le 20 octobre 1587, il combattit à l'aile droite des calvinistes contre Lavardin et le seigneur de Bellegarde, gouverneur de Saintonge, qui périt dans cette journée. Le roi de Navarre (depuis Henri IV) envoya le sire de la Trémoïlle, avec Châtillon, au secours du roi Henri III, lorsque le duc de Mayenne attaqua ses troupes dans la ville de Tours. En 1589, il suivit ces deux monarques au siége de Paris. A l'avénement de Henri IV, il fut nommé pour commander en Touraine, d'où, après avoir repris quelques places sur les ligueurs, il rejoignit l'armée du roi, en Normandie, assista à la prise du château de Meulan, se signala, le 14 mars 1590, à la bataille d'Ivry, où il rompit un escadron de gardes wallonnes; servit ensuite au fameux siége de

DE NASSAU : artelé, au 1 d'azur, semé de billettes d'or, au lion du même, lampassé et armé de gueules, qui est *de Nassau*; 2 d'or, au léopard-lionné de gueules, lampassé, armé et couronné d'azur, qui est de *Catzenellnbogen*; 3 de gueules, à fasce d'argent, qui est *de Viane*; 4 de gueules, à lions léopardés d'or, lampassés et armés d'azur, qui est *de Dietz*; sur le tout contre-écartelé aux premier et quatrième de gueules, à bande d'or, qui est *de Châlons*; aux second et troisième d'or, au cor de chasse d'azur, lié et virolé de gueules, qui est *d'Orange*; sur le tout du tout points d'or équipolés à 4 d'azur, qui est *de Genève*.

Rouen, en 1591 et 1592, puis à celui de Poitiers, et combattit à Fontaine-Française, au mois de juin 1595. Henri IV, pour récompenser les services éminents que lui avait rendus le sire de la Trémoïlle, qui, dans cette dernière campagne, avait amené au monarque un secours de cinq cents gentilshommes et de deux mille hommes de pied, levés dans l'étendue de ses domaines, érigea le duché de Thouars en pairie, par lettres du mois d'août 1595, registrées au parlement, le 7 décembre 1599. Le sire de la Trémoïlle mourut en son château de Thouars, le 25 octobre 1604, après avoir fait son testament le 26 mars de la même année. Il avait épousé, par traité passé à Châtellerault, le 11 mars 1598, Charlotte-Brabantine DE NASSAU, morte à Château-Renard, au mois d'août 1631, fille du célèbre Guillaume II, comte de Nassau, prince d'Orange, capitaine-général des Provinces-Unies des Pays-Bas, et de Charlotte de Bourbon-Montpensier. De ce mariage sont issus :

1°. Henri, dont l'article suit;
2°. Frédéric de la Trémoïlle, comte de Benon et de Laval, baron de Mauléon et de Didonne, mort, à Venise, au mois de février 1642, d'une blessure qu'il reçut dans un combat singulier contre le sieur de Bourbon-Montpensier. Il laissa un fils naturel d'Anne *Orpe*, demoiselle anglaise, nommé Henri-Édouard, qui ne fut point légitimé, et une fille de N..... *de Moussi*, Vénitienne;
3°. Elisabeth de la Trémoïlle, morte jeune;
4°. Charlotte de la Trémoïlle, femme de Jacques *Stanlay*, comte d'Erby, prince souverain de l'île de Man, baron de Stange, de Knoc et de Kiny, fils aîné de Guillaume Stanlay, comte d'Erby, chevalier de l'ordre de la Jarretière, et d'Élisabeth de Vère. Elle mourut à Chester, le 31 mars 1664.

Fils naturel de Claude, sire de la Trémoïlle, et d'Anne Garand :

Annibal, bâtard de la Trémoïlle, *seigneur de Marcilly, gouverneur et lieutenant pour le roi du château de Taillebourg, légitimé et anobli au mois de mai 1630.*

XXI. Henri, sire DE LA TRÉMOÏLLE, duc de Thouars, pair de France, prince de Tarente et de Talmont, comte de Laval, de Montfort, de Guines, de Benon, de Taillebourg et de Jonvelle, marquis d'Épinay, vicomte de Rennes et de Raix, baron de Vitré, (et en cette qualité président-né de la noblesse des états de Bretagne), de Mauléon, de Berrie et de Didonne, seigneur de Loudun, chevalier des ordres du roi, mestre-de-camp de la cavalerie légère de France, naquit en 1599. En 1628, il joignit l'armée du roi Louis XIII, et servit au siége de la Rochelle, pendant lequel il fit abjuration de la religion prétendue réformée, entre les mains du cardinal de Richelieu, général en chef de l'armée du roi. S. M. l'investit immédiatement de la charge de mestre-de-camp de la cavalerie légère de France. En 1629, il fit la campagne d'Italie, contribua, le 6 mars, à l'enlèvement des barricades du Pas de Suze, et fut blessé, en 1630, d'un coup de mousquet au genou, en allant reconnaître, à la tête de quatre cents chevaux, la ville et le château de Carignan, dont il se rendit maître, ce qui facilita la levée du siége de Casal. Au mois de novembre 1636, il servit à la reprise de Corbie; et, le 17 décembre de la même année, il présida les états de Bretagne. En 1643, le duc de Thouars remplit les fonctions de grand-maître de France aux obsèques du roi Louis XIII. En 1648, Louis XIV l'autorisa à se faire représenter par un envoyé au congrès de Munster, pour faire valoir les droits qu'il avait au royaume de Naples, du chef d'Anne de Laval, sa bisaïeule paternelle; mais, l'Espagne n'ayant point accédé à la paix qui fut conclue avec l'Empereur, le duc de Thouars ne put alors tirer aucun avantage de ses prétentions. Louis XIV accorda au même duc Henri et à ses descendants, en 1651, le rang et les honneurs de princes étrangers en France. Il mourut en son château de Thouars, le 21 janvier 1674. Il avait épousé, le 19 janvier 1619, Marie DE LA TOUR D'AUVERGNE, sa cousine, morte à Thouars le 24 mai 1665, fille aînée de Henri de la Tour, comte d'Auvergne, duc de Bouillon, prince souverain de Sedan et de Raucourt, comte de Montfort et de Negrepelisse, vicomte de Turenne et de Castillon, baron de Montgascon et d'Oliergues, maréchal de France, et d'Elisabeth de Nassau, princesse d'Orange, sa seconde femme. De ce mariage sont issus:

LA TOUR D'AUVERGNE : écartelé, au 1er d'azur, semé de fleurs de lys d'or; à la tour d'argent, brochante sur le tout, qui est *de la Tour*; au 2 d'or, à 3 tourteaux de gueules, qui est *de Boulogne*; au 3 cotice d'or et de gueules, qui est *de Turenne*; au 4 de gueules, à la fasce d'argent, qui est *de Bouillon*; sur le tout d'or au gonfalon de gueules, frangé de sinople, qui est *d'Auvergne*.

1°. Henri-Charles, dont l'article suit;

2°. Louis-Maurice de la Trémoïlle, comte de Laval, qui commanda un régiment d'infanterie en Italie, en 1642, sous le duc de Longueville et le prince de Carignan; se trouva aux siéges et à la prise de Crescentin, de Nice de la Paille et de Tortone la même année, et, en 1640, à la prise de Thionville, sous le duc d'Enghien. Il quitta le service pour embrasser l'état ecclésiastique, fut abbé de Charroux et de Sainte-Croix de Talmont, et mourut en 1681;

3°. Arnaud-Charles de la Trémoïlle, comte de Montfort et de Taillebourg, né le 15 juin 1635, mort le 13 novembre 1643;

4°. Élisabeth de la Trémoïlle, née le 18 juillet 1628, morte au mois de mars 1640;

5°. Marie-Charlotte de la Trémoïlle, mariée à Paris, le 18 juillet 1662, avec Bernard *de Saxe-Veimar*, duc d'Iéna, mort le 3 mai 1678, fils de Guillaume, duc de Saxe-Veimar, et d'Éléonore-Dorothée, princesse d'Anhalt.

XXII. Henri-Charles DE LA TRÉMOÏLLE (1), prince de Tarente et de Talmont, comte de Laval, de Taillebourg, de Montfort, de Guines et de Benon, marquis d'Epinay, vicomte de Rennes et de Baix, baron de Vitré, de Mauléon, de Berrie et de Didonne, chevalier de l'ordre de la Jarretière, général de la cavalerie des états de Hollande, et gouverneur de Bosleduc, avait été nommé précédemment, en 1648, commandant de la cavalerie du landgrave de Hesse-Cassel. Son attachement pour le prince de Condé lui ayant fait abandonner la cour dans la guerre de la Fronde, dont il fut un des chefs, il suivit ce prince en Flandre, et de là, passa au service des Etats de Hollande. Il revint en France en 1655. Lorsque l'évêque de Munster eut déclaré la guerre aux Hollandais, en 1664, il fut investi, le 7 mars 1665, du gouvernement de Bosleduc, l'une des plus importantes places du duché de Brabant. Le 11 février 1666, il défit 800 hommes des troupes de ce prélat guerrier, qui s'étaient retranchés à Ouden-Bosc, et en fit un grand nombre prisonniers, entr'autres, le colonel qui les commandait, ainsi que plusieurs officiers. Les Hollandais lui conférèrent, au mois de mars suivant, le grade de général de cavalerie des Etats. Il abjura le protestantisme entre les mains de l'évêque d'Angers, le 3 septembre 1670, mourut avant son père en son château de Thouars, le 14 septembre 1672, et fut inhumé au tombeau de ses ancêtres. Il avait épousé, le 1er mai 1648, Amélie DE HESSE-CASSEL, fille de Guillaume V, landgrave de Hesse-Cassel, et d'Amélie-

DE HESSE-CASSEL : parti d'un trait, coupé de deux; au 1 d'argent, à la croix patriarcale de gueules, qui est *de Hirschfeld* : au 2 coupé de sable, à l'étoile d'or et d'or plein, qui est *de Ziegenhayn* : au 3 *de Catzenellubogen* : au 4 *de Dietz* ; au 5 coupé de sable, à deux étoiles d'or, et d'or plein, qui est *de Nidda* ; au 6 de gueules, à 3 feuilles d'ortie appointées en forme de pairle renversé et anglées de 3 clous de la passion, le tout d'argent, qui est *de Holstein* ; sur le tout d'azur, au lion burelé d'argent et de gueules, couronné d'or, qui est *de Hesse*.

(1) Le prince Charles-Henri, ainsi que ses descendants, écartelèrent leurs armoiries comme à la page première.

Elisabeth, comtesse de Hanau-Muntzenberg. Elle mourut à Francfort, le 23 février 1693, ayant eu deux fils et trois filles :

1°. Charles-Belgique-Hollande, dont l'article suit ;

2°. Frédéric-Guillaume de la Trémoïlle, prince de Talmont, comte de Taillebourg, seigneur du duché de Châtellerault, né en 1658. Il fut d'abord abbé de Charroux et de Sainte-Croix de Talmont, au mois de mars 1681, et fut reçu chanoine de Strasbourg en 1684. Il quitta l'état ecclésiastique, le 2 avril 1689, pour entrer dans les mousquetaires. Il fit ses premières armes en Flandre, et obtint, le 1er. octobre 1690, une compagnie dans le régiment Royal-Étranger, qu'il commanda aux siéges de Mons et de Namur, et au combat de Steinkerque, en 1691 et 1692. Le roi le nomma, le 31 mars 1693, colonel d'un régiment de cavalerie de son nom (Talmont), qui prit ensuite le nom de Balincourt. Il servit en Allemagne jusqu'au traité de Ryswick, puis à l'armée de Flandre en 1701. Nommé brigadier de cavalerie, le 20 janvier 1702, il contribua à la défaite des Hollandais sous les murs de Nimègue, puis à la victoire d'Eckeren, le 30 juin 1703. Il fut créé maréchal de camp le 26 octobre 1704. Il combattit à Ramillies en 1706, fit la campagne de 1707, à l'armée du Rhin, sous le maréchal de Villars, et celles de 1708 et 1709, sous les maréchaux de Berwick et de Harcourt. Promu au grade de lieutenant-général, le 29 mars 1710, il fit toutes les campagnes à l'armée du Rhin jusqu'à la paix, et se distingua particulièrement au siége de Landau, où il fut blessé, en commandant la tranchée du 17 juillet 1713. Le 25 mars 1717, il fut pourvu du gouvernement de Sarre-Louis, qu'il conserva jusqu'à sa mort, arivée le 21 janvier 1739. (*Dict. hist. des Généraux Français*, *t. IX*, *p.* 356.). Dès le mois d'octobre 1719, le prince de Talmont avait été proposé pour exercer la charge de premier gentilhomme de la chambre du roi, en attendant que Charles-Armand-René, duc de la Trémoïlle, son petit-neveu, fût en âge d'en faire les fonctions. Il avait épousé, le 2 décembre 1707, Élisabeth-Anne-Antoinette *de Bullion*, fille puînée de Charles de Bullion, marquis de Galardon, seigneur de Bonnelles, prévôt de la ville de Paris, et de Marie-Anne Rouillé. De ce mariage sont issus :

A. Anne-Charles-Frédéric de la Trémoïlle, prince de Talmont, comte de Taillebourg, créé duc de Châtellerault, par brevet du mois d'octobre 1730, puis mestre-de-camp-lieutenant du régiment Royal-Pologne, cavalerie ; nommé, au mois de février 1739, gouverneur de Sarre-Louis ; créé brigadier de cavalerie au mois de février 1743, et décédé le 20 novembre 1759. Il avait épousé, le 2 octobre 1730, Marie-Louise *Jablonowska*, qui obtint les grandes entrées de la cour, le 1er. janvier 1763. Elle était fille aînée de Jean, prince Jablonowski, grand porte-enseigne de la couronne de Pologne. En 1758, cette princesse avait eu un procès avec les héritiers du duc d'Ossolinski, son beau-frère. Par arrêt du conseil du roi de Pologne, duc de Lorraine et de Bar, rendu au mois de mars de la même année, il lui fut adjugé 100,000 livres sur les fermes générales de Lorraine, 100,000 florins, argent de Pologne, pour sa dot, et 50,000 florins pour ses diamants. Le fils unique du duc de Châtellerault et de la princesse Jablonowska fut :

Louis-Stanislas de la Trémoïlle, comte de Taillebourg, né en 1731. Il entra dans les mousquetaires en 1748, fut nommé colonel dans le corps des grenadiers de France au mois de mars 1749, créé duc de Taillebourg, pair de France au mois de mai suivant, et mourut à Paris, le 17 septembre de la même année, dans la seizième année de son âge ;

B. Charles-Félicité de la Trémoïlle, comte de Taillebourg, mort jeune ;

3°. Charlotte-Amélie de la Trémoïlle, née en 1652, mariée à Copenhague, le 29 mai 1680, avec Antoine, comte *d'Altembourg*, gouverneur des comtés d'Oldembourg et de Delmenhorst ;

4°. Henriette-Céleste de la Trémoïlle, née le 18 juillet 1662 ;

5°. Marie-Sylvie de la Trémoïlle, *dite* la princesse de Tarente, morte à Paris, en 1692.

XXIII. Charles-Belgique-Hollande, sire DE LA TRÉMOÏLLE, duc de Thouars, pair de France, prince de Tarente, comte de Montfort, de Laval, de Guines, de Benon, de Jonvelle, vicomte de Rennes, de Raix, de Brosse, de Marcillé et de Berneuil, baron de Vitré et de Mauléon, né en 1655, premier gentilhomme de la chambre du roi, fut reçu chevalier du St.-Esprit, le 31 décembre 1688. Au mois d'octobre 1697, le duc de la Trémoïlle fit faire, entre les mains du baron de Lillieroot, ambassadeur extraordinaire de Suède, et médiateur du traité de Ryswick, une protestation semblable à celle qu'il avait déjà faite au congrès de Nimègue, en 1678, pour la conservation des droits de la maison de la Trémoïlle sur le royaume de Naples, comme aîné des descendants de Frédéric d'Aragon. Il mourut à Paris, le 1er. juin 1709. Son corps fut transporté à Thouars, et inhumé au tombeau de ses prédécesseurs. Il avait épousé, le 3 avril 1675, Madeleine DE CRÉQUY, morte le 12 août 1707, fille unique et héritière de Charles, duc de Créquy, pair de France, prince de Poix, chevalier des ordres

DE CRÉQUY : d'or, au créquier de gueules.

du roi, premier gentilhomme de la chambre, gouverneur de Paris, et d'Armande de Saint-Gelais de Lansac, première dame d'honneur de la reine Marie-Thérèse d'Autriche. De ce mariage sont provenus :

1°. Charles-Louis-Bretagne, qui suit;

2°. Marie-Armande-Victoire de la Trémoïlle, née en 1677, mariée, le 1er. février 1696, avec Emmanuel-Théodose *de la Tour-d'Auvergne*, son cousin, duc de Bouillon, d'Albret et de Château-Thierry, pair et grand-chambellan de France, fils aîné de Godefroi-Maurice de la Tour-d'Auvergne, duc de Bouillon, d'Albret et de Château-Thierry, pair et grand chambellan de France, comte de Beaumont-le-Roger et d'Evreux, vicomte de Turenne, et de Marie-Anne Mancini, nièce du cardinal Mazarin. Elle fut sa première femme, et mourut le 5 mars 1717.

XXIV. Charles-Louis-Bretagne, sire DE LA TRÉMOÏLLE, duc de Thouars, pair de France, prince de Tarente, comte de Laval, de Montfort, de Guines, de Benon et de Jonvelle, marquis d'Attichy, vicomte de Rennes, de Raix, de Brosse, de Marcillé et de Berneuil, baron de Vitré et de Mauléon, premier gentilhomme de la chambre du roi, naquit en 1685. Entré dans les mousquetaires en 1700, il fit la campagne de 1701 en Flandre; obtint une compagnie de cavalerie, dans le régiment Royal, le 11 janvier 1702, et se distingua à la bataille de Frédelingen, le 14 octobre de la même année. Le 14 janvier 1703, il reçut une commission pour lever un régiment de cavalerie de son nom, qu'il commanda au combat d'Eckeren, le 30 juin. Il servit à l'armée de Flandre, en 1704, et à celle de la Moselle, en 1705. Il combattit à Ramillies en 1706, et à Oudenarde en 1707; fut nommé brigadier de cavalerie le 29 janvier 1709, et devint duc de Thouars, pair de France et premier gentilhomme de la chambre du roi, à la mort de son père, le 1er. juin de la même année. Il se signala à la bataille de Malplaquet; fit la campagne de 1710 en Flandre; se trouva à l'attaque de Denain en 1711; au combat livré près de Douay le 12 juillet; et en 1712, aux siéges de Douay, du Quesnoy et de Bouchain. En qualité de président de la noblesse de Bretagne, il fut député par les états de cette province vers le roi, au mois de janvier 1717. Il fut créé maréchal-de-camp le 1er. mars 1719, et mourut le 9 octobre de la même année. (*Dict. des Généraux Français*, *t. IX*, *p.* 357.) Il avait épousé, le 13 avril 1706, Marie-Madeleine MOTIER DE LA FAYETTE, morte le 6 juillet 1717, fille unique de René-Armand Motier, marquis de la Fayette, brigadier des armées du roi, et de Marie-Madeleine de Marillac, dame d'Attichy. De ce mariage est issu Charles-Armand-René, qui suit.

MOTIER DE LA FAYETTE : de gueules, à la bande d'or ; à la bordure de vair.

XXV. Charles-Armand-René, sire DE LA TRÉMOÏLLE, duc de Thouars, pair de France, prince de Tarente, comte de Laval, de Montfort, de Guines, de Benon et de Jonvelle, marquis d'Attichy, vicomte de Rennes, de Raix, de Brosse, de Marcillé et de Berneuil, baron de Vitré et de Mauléon, premier gentilhomme de la chambre du roi, naquit le 14 janvier 1708. Nommé colonel d'un régiment d'infanterie de son nom, le 7 octobre 1728, il s'en démit pour le régiment de Champagne, le 24 septembre 1731. Il le commanda aux siéges de Gerra d'Adda, de Pizzighitone et du château de Milan ; en 1733, à ceux de Novare et de Tortone ; et apporta au roi la nouvelle de la reddition de cette dernière place, au mois de février 1734. Il rejoignit immédiatement l'armée d'Italie, et reçut une contusion à la cuisse, à l'attaque de Colorno, où sa conduite brillante lui mérita des éloges publics. Au mois de juillet, il combattit à la bataille de Parme, où il fut légèrement blessé, et donna de nouvelles preuves de sang-froid et de valeur à la bataille de Guastalla. Il reçut le brevet de brigadier d'infanterie, le 18 octobre de la même année 1734. Il commanda une brigade aux siéges de Révéré et de Guastalla, en 1735. Rentré en France avec son régiment, au mois de janvier 1736, il fut reçu au parlement en qualité de pair de France, le 18 juin suivant, et nommé, le 6 mars 1738, l'un des quarante de l'académie française. Le 17 mars 1741, il fut appelé au gouvernement général de l'Ile-de-France, sur la démission du comte d'Evreux, et en se démettant du gouvernement du Pont-de-Remy dont il avait été pourvu depuis longtemps. Le duc de la Trémoïlle mourut le 23 mai de la même année. (*Chronol. militaire*, *par Pinard*, *t. VIII*, *p.* 366). Il avait épousé, le 27 janvier 1725, Marie-Hortense-Victoire DE LA TOUR D'AUVERGNE, sa cousine-germaine, fille d'Emmanuel-Théodose de la Tour d'Auvergne, duc de Bouillon, d'Albret et de Château-Thierry, pair et grand-chambellan de France, comte d'Evreux et

DE LA TOUR D'AUVERGNE : comme à la p. 51.

de Beaumont-le-Roger, vicomte de Turenne, et de Marie-Armande-Victoire de la Trémoïlle. De ce mariage est issu Jean-Bretagne-Charles-Godefroi, qui suit.

XXVI. Jean-Bretagne-Charles-Godefroi, sire DE LA TRÉMOÏLLE, duc de Thouars, pair de France, prince de Tarente et de Talmont, comte de Laval au Maine, et de Montfort, en Bretagne, baron de Vitré, et en cette qualité premier baron et président de la noblesse de Bretagne, naquit le 5 février 1737. Il entra au service dans les mousquetaires, et fut nommé successivement colonel au corps des grenadiers de France, le 30 mai 1752, puis le 10 octobre 1755, mestre-de-camp-lieutenant du régiment d'Aquitaine (depuis Artois), cavalerie, brigadier de cavalerie le 26 juillet 1762, et maréchal-de-camp le 3 janvier 1770. Le duc de la Trémoïlle est mort en émigration. (*Dictionnaire hist. des Généraux Français, t. IX, p. 357*). Il avait épousé, 1°. le 18 février 1751, Marie-Geneviève de DURFORT, morte sans enfants, le 10 décembre 1762, fille unique de Gui-Michel de Durfort, duc de Lorges et de Randan, maréchal de France, chevalier des ordres du roi, et d'Elisabeth-Philippine de Poitiers de Rie; 2.° le 24 juin 1763, Marie-Maximilienne-Louise-Françoise-Sophie, princesse de SALM-KIRBOURG, née le 19 mai 1744, fille de Philippe-Joseph, prince de Salm-Kirbourg, grand d'Espagne, béer de Flandre, et de Marie-Thérèse-Josèphe, princesse de Hornes. De ce dernier mariage sont issus :

DE DURFORT : écartelé, aux 1 et 4 d'argent, à la bande d'azur, qui est *de Durfort*; aux 2 et 3 de gueules, au lion d'argent, qui est *de Lomagne*; au lambel de gueules, brochant sur les deux premiers quartiers.

DE SALM-KIRBOURG : écartelé, aux 1 et 4 de sable, au léopard d'argent, ayant la queue fourchée, qui est *des Wildgraves*; aux 2 et 3 d'or, au lion de gueules, couronné d'azur, qui est *des Rheingraves*; sur le tout contre-écartelé, au I de gueules, à 3 lionceaux d'or, qui est *de Kirbourg*; au II d'or, à deux saumons adossés de gueules, qui est *de Salm*; au III de gueules, à la colonne d'argent, le socle, la base, et le chapiteau couronné d'or, qui est *d'Anholt*; au IV d'azur, à la fasce d'argent, qui est *de Vinstingen*

1°. Charles-Bretagne-Marie-Joseph, dont l'article suit :

2°. Antoine-Philippe de la Trémoïlle, prince de Talmont, frère jumeau du prince abbé de la Trémoïlle, dont on va parler, né à Paris, en 1765, et général de la cavalerie royale vendéenne. Émigré avec sa famille, en 1791, il joignit les princes à Coblentz. Rentré en France la même année, il fut arrêté, en 1792, comme ayant pris part à la conjuration du marquis de la Rouairie, contre les principes révolutionnaires. Enfermé à Angers, il parvint à s'échapper des mains des gendarmes qui le conduisaient de cette ville à Laval. Il rejoignit l'armée vendéenne à Saumur, au mois d'avril 1793, et fut nommé général de la cavalerie. Le 29 juin, lors du siége de Nantes, il chargea les républicains qui fuyaient par la route de Vannes, leur prit deux pièces de canon et les força de rentrer dans la ville. Le prince de Talmont eut un cheval tué sous lui dans cette affaire. Le 30 juillet, il sauva l'armée vendéenne, en couvrant la retraite avec la cavalerie, à la suite des combats de Pont-Charron, de Bessay et de Luçon. Il se distingua aux combats de Doué, le 14 septembre, de Clisson, le 21, de la Tremblaye, le 15 octobre, et, de concert avec M. d'Autichamp, il s'empara de Varades, ce qui assura à l'armée royale le passage de la Loire. Il prit part au combat et à la prise de Laval, le 22 octobre, et au siége de Granville, le 14 novembre. A la bataille d'Antrain, le 18 du même mois, le prince de Talmont, à la tête de 400 hommes, soutint tous les efforts de l'armée républicaine, et donna le temps aux royalistes, qu'une terreur panique avait dispersés, de se rallier, et de remporter eux-mêmes la victoire. Ce beau trait de dévouement et d'héroïsme fut admiré par toute l'armée royale, dont les chefs se plurent à répéter qu'ils lui devaient leur salut. Il donna de nouvelles preuves de valeur au combat qui précéda la prise du Mans, le 10 décembre (1), et le 12, à la sanglante action qui eut lieu dans cette ville, et qui fut suivie de la déroute de l'armée royale, dont les débris se ralliièrent à Laval. Peu de jours après ce désastre, les officiers ayant élu, à Blain, le chevalier Fleuriot pour général en chef, le prince de Talmont, dont les services signalés semblaient lui avoir mérité cette distinction, fut piqué de cette préférence, et se retira de l'armée. Arrêté à Laval, le 4 janvier 1794, et condamné à mort, le 26, par une commission militaire républicaine établie à Rennes, il ne démentit point, dans ses derniers moments, la grandeur d'âme et la fermeté qu'on lui avait connues sur les champs de bataille, et reçut la mort dans la cour de son château de Laval. (*Dict. des Généraux François*, *t. IX*, *p.* 358.) Le prince de Talmont avait épousé, par contrat signé du roi, le 23 janvier 1785, Henriette-Louise-Françoise-Angélique *d'Argouges*, fille unique de Michel-Pierre-François, comte d'Argouges, marquis de la Chapelle-la-Reine et de Bournezeau, lieutenant-général des armées du roi, et de Henriette-Charlotte-Marie de Courtarvel de Pezé. Ils ont eu un seul fils, nommé :

Léopold de la Trémoïlle, né en 1787, mort en bas âge ;

3°. Charles-Godefroi-Auguste, prince abbé de la Trémoïlle, comte de Laval, né en 1765, nommé, en 1774, chanoine, et depuis grand doyen du chapitre de Strasbourg, et condamné à mort par le tribunal révolutionnaire de Paris, le 15 juin 1794 ;

4°. Louis-Stanislas-Kotska, prince de la Trémoïlle, né le 12 juin 1767, reçu chevalier de Malte le 15 septembre 1770, entré au service en 1781, émigré avec sa famille en 1791, et créé lieutenant-général des armées

(1) Dans ce combat, un hussard républicain osa défier le prince de Talmont, qu'à son écharpe blanche il reconnut pour général. Le prince tourne bride et lui crie : *Je t'attends*. Puis, s'avançant lui-même au devant de son adversaire, il fond sur le cavalier et lui partage la tête d'un coup de sabre.

du roi, à prendre rang du 11 mars 1814. Le prince de la Trémoïlle a épousé, le 1er. avril 1802, Geneviève-Adélaïde *Andrault de Langeron*, fille de Charles-Claude Andrault de Maulevrier, marquis de Langeron, lieutenant-général des armées du roi, chevalier du Saint-Esprit et commandeur de l'ordre royal et militaire de Saint-Louis.

XXVII. Charles-Bretagne-Marie-Joseph duc DE LA TRÉMOÏLLE et de Thouars, pair de France, prince de Tarente, lieutenant-général des armées du roi, chevalier de l'ordre royal et militaire de St.-Louis, et grand-croix des ordres militaires de Bade, est né à Paris, le 24 mars 1764. Entré au service le 4 avril 1778, il fut nommé sous-lieutenant au régiment de l'Ile-de-France, le 18 avril 1779, et passa avec le même grade dans le régiment Royal-Normandie, cavalerie, le 22 juin 1781. Le duc de la Trémoïlle était colonel de cavalerie, à l'époque de son émigration avec sa famille, en 1791. Passé depuis au service de Bade, il a été promu au grade de lieutenant-général, et a été appelé à la pairie de France par S. M. Louis XVIII, le 4 juin 1814. Il a épousé, 1.° le 20 juillet 1781, Louise-Emmanuelle DE CHATILLON, née en 1763, dernier rejeton de cette illustre maison, fille de Louis-Gaucher, duc de Châtillon, pair de France, lieutenant-général de la Haute et Basse-Bretagne, et d'Adrienne-Emilie-Félicité de la Baume-le-Blanc de la Vallière; 2°. Le 9 juin 1817, Marie-Virginie DE SAINT-DIDIER, fille du comte Antoine de Saint-Didier. Du premier mariage n'est issue qu'une fille nommée

DE CHATILLON: de gueules, à 3 pals de vair; au chef d'or.

DE SAINT-DIDIER: d'azur, au lion d'argent; à la bordure de gueules, chargée de 8 fleurs de lys d'or.

Caroline de la Trémoïlle, née en 1788, décédée en 1791.

SECONDE BRANCHE.

Marquis de Royan et comtes d'Olonne, éteints.

XIX. Georges DE LA TRÉMOILLE (1), IIe. du nom, baron de Royan, des Olonnes, d'Apremont, de Plesio, de Boussac et de Gençay, seigneur de Saujon, de Kergorlay, de Las, de St.-Août, etc., chevalier des ordres du roi, conseiller aux conseils d'état et privé, sénéchal de Poitou et capitaine du château de Poitiers,

(1) Il portait: parti de deux traits coupés d'un; au 1 *de la Trémoïlle;* au 2 *de Bourbon*; au 3 *de Coëtivy;* au 4 *de Milan;* au 5 *de Laval;* au 6 *d'Orléans.*

quatrième fils de François Ier. de la Trémoïlle, vicomte de Thouars, et d'Anne de Laval, partagea les biens de sa maison avec ses frères en 1550. Il servit le roi Charles IX, contre les religionnaires, en 1568 et 1569; fut député par le corps de la noblesse de Poitou, en 1576 et 1577, pour assister aux états de Blois, et fut nommé par Henri III, en 1584, sénéchal de Poitou, et gouverneur du château de Poitiers, sur la démission de Gaspard d'Alègre, seigneur de Viverols. Il n'en jouit pas long-temps, étant mort à Poitiers au mois de décembre de la même année 1584. Son corps fut transporté à Thouars, et inhumé dans l'église de Notre-Dame, au tombeau de ses ancêtres. Il avait épousé, le 13 novembre 1563, Madeleine DE LUXEMBOURG, fille de François de Luxembourg, vicomte de Martigues, et de Charlotte de Bretagne. Elle eut en dot les baronnies d'Apremont, en Poitou, et de Pleslo, en Bretagne, et Jeanne de Bretagne, sa tante, lui légua celle de Boussac, en 1571. De ce mariage est né un fils unique, nommé Gilbert, qui suit.

LUXEMBOURG : [a]rgent, au lion [de] gueules, lampassé, armé et couronné d'or, ayant [la] queue fourchée, [nou]ée et passée en [sau]toir.

XX. Gilbert DE LA TRÉMOÏLLE (1), marquis de Royan, comte d'Olonne, baron d'Apremont, seigneur de Preslo et de Champfreau, chevalier des ordres du roi, commandant d'armée, et conseiller-d'état, commença à servir de bonne heure contre les protestants. Le 1.er avril 1587, il leva un régiment d'infanterie de son nom, qu'il commanda cette année et la suivante contre le duc de Guise, chef de la ligue. Devenu sénéchal de Poitou et capitaine de 50 hommes d'armes, Henri III lui donna, le 9 octobre 1589, le commandement de l'armée de Touraine, avec laquelle il fit le siége de Montrichard. Henri IV, voulant reconnaître les services que Gilbert lui avait rendus, tant dans ses conseils que dans ses armées, érigea la baronnie de Royan en marquisat, par lettres du mois d'octobre 1592, registrées au parlement de Paris, le 6 septembre 1594, et en celui de Bordeaux, le 16 juin 1595; et le nomma, le 10 mai 1594, capitaine de l'ancienne compagnie des 100 gen-

(1) Il portait, ainsi que ses descendants : parti de 3 traits, coupés d'un ; au 1 *d'Orléans;* au 2 *de Milan;* au 3 *de Bourbon-Montpensier;* au 4 *de Bretagne-Penthièvre;* au 5 *de Savoie;* au 6 *de Luxembourg;* au 7 *de Coëtivy;* au 8 *de Laval;* sur le tout *de la Trémoïlle.*

tilshommes de la maison du roi. Les nouveaux services qu'il rendit à ce prince, en lui soumettant plusieurs villes du Poitou qui avaient embrassé le parti de la ligue, furent récompensés par son admission dans l'ordre du St.-Esprit, le 5 janvier 1597, et par l'érection en comté de la baronnie d'Olonne au mois de janvier 1600, érection dont les lettres furent registrées au parlement, le 6 mars 1602. Gilbert de la Trémoïlle mourut en son château d'Apremont, le 25 juillet 1603. (*Dict. hist. des Généraux Français, t. IX, p.* 354). Il avait épousé, à Chartres, le 12 septembre 1592, Anne HURAULT, qui se remaria, le 7 janvier 1612, avec Charles de Rostaing, comte de Bury, et mourut le 16 avril 1635. Elle était fille de Philippe Hurault, comte de Chiverny et de Limours, chancelier de France, gouverneur et lieutenant-général pour le roi en Orléanais, pays Chartrain, Blaisois, Dunois, Amboise et Loudunois, et d'Anne de Thou. Le marquis de Royan en eut trois fils et deux filles :

HURAULT : d'or, à la croix d'azur, cantonnée de 4 ombres de soleil de gueules.

1°. Philippe, dont l'article suit;

2°. Gilbert de la Trémoïlle, né en 1599, abbé de Chambon, décédé en 1619;

3°. Georges de la Trémoïlle, né en 1601, chevalier de l'ordre de Saint-Jean de Jérusalem, *dit* de Malte, mort en 1623;

4°. Catherine de la Trémoïlle, co-adjutrice, puis, en 1640, abbesse de Sainte-Croix de Poitiers. Elle fut bénie par l'archevêque de Reims, le 14 septembre 1649, et mourut au mois d'avril 1650;

5°. Marie-Marguerite de la Trémoïlle, abbesse du Lys en 1628, puis de Jouarre en 1638, morte en 1657.

XXI. Philippe DE LA TRÉMOÏLLE, marquis de Royan, comte d'Olonne, baron d'Apremont et de Commequiers, seigneur de Pleslo, etc., sénéchal de Poitou, et gouverneur du château de Poitiers, naquit en 1596. Il servit le roi Louis XIII contre les Rochelais, en 1621 et 1625, à la tête d'une compagnie d'hommes d'armes qu'il avait levée parmi ses vassaux. Lors de la rupture de la paix avec l'Espagne, en 1635, il conduisit en Picardie l'arrière-ban de la noblesse de Poitou. Il eut ensuite à s'opposer aux entreprises des religionnaires du Bas-Poitou, dont il fit démolir plusieurs temples. Il mourut le 8 août 1670. Il avait épousé 1°. en 1622, Madeleine CHAMPROND, morte au mois de novembre 1641, fille unique de Michel Champrond, chevalier, seigneur de Hanches, président aux enquêtes du parlement de

CHAMPROND : d'or, au griffon d'azur.

MARTIN : Paris ; 2°. le 11 juin 1647, Judith MARTIN, fille d'Ambroise Martin, avocat-général au parlement de Rennes, morte sans enfants au mois de mars 1676. Ceux du premier lit furent :

1°. Louis de la Trémoïlle, comte d'Olonne, né en 1626, sénéchal de Poitou. Il servit en Allemagne contre les Impériaux et les Bavarois, et se trouva à la bataille de Nortlingen, le 3 août 1645. Depuis, il suivit le prince de Condé en Catalogne, et prit part au siége de Lérida, en 1647. Il mourut à Paris, le 5 février 1686, sans enfants de Catherine-Henriette *d'Angennes*, qu'il avait épousée en 1652, et qui lui survécut jusqu'au 13 juin 1714. Elle était fille de Charles d'Angennes, baron d'Amberville, seigneur de la Louppe, et de Marie du Raynier ;

2°. César-Joseph de la Trémoïlle, chevalier de l'ordre de Saint-Jean de Jérusalem, puis jésuite, mort subitement à Paris, le 25 avril 1698 ;

3°. Paul-Augustin de la Trémoïlle, seigneur de Hanches, près Épernon, né en 1635, mort le 24 janvier 1688 ;

4°. François II, dont l'article va suivre ;

5°. François-Auguste de la Trémoïlle,
6°. Charles-François de la Trémoïlle, } morts jeunes ;
7°. Angélique de la Trémoïlle,

8°. Catherine-Marie de la Trémoïlle, morte religieuse à Sainte-Croix de Poitiers ;

9°. Madeleine de la Trémoïlle, abbesse du Pont-aux-Dames en 1672, morte le 16 novembre 1679 ;

10°. Calliope de la Trémoïlle, nommée abbesse du Pont-aux-Dames, le 17 novembre 1679, morte en 1701.

XXII. François DE LA TRÉMOÏLLE, IIe. du nom, marquis de Royan, comte d'Olonne, sénéchal de Poitou et gouverneur de Poitiers, né en 1637, mourut subitement à Paris, le 12 juin 1690. Il avait épousé, le 31 décembre 1675, Yolande-Julie DE LA TRÉMOÏLLE, fille puînée de Louis II de la Trémoïlle, duc de Noirmoutier, et de Julie-Renée Aubry de Tilleport. Elle mourut à Paris, le 10 mai 1693. De ce mariage sont issus :

[DE] LA TRÉMOÏLLE : [c]omme à la p. 65.

1°. Georges de la Trémoïlle, marquis de Royan, comte d'Olonne, né le 14 février 1683, mort le 15 juin 1691 ;

2°. Augustin-Louis de la Trémoïlle, né le 23 novembre 1686, mort jeune ;

3°. Henriette-Renée de la Trémoïlle, morte en bas-âge ;

4°. Marie-Anne de la Trémoïlle, marquise de Royan, comtesse d'Olonne, née le 10 novembre 1676, mariée, le 6 mars 1696, avec Paul-Sigismond *de Montmorency-Luxembourg*, duc de Châtillon, comte de Luxe, fils puîné de François-Henri de Montmorency, duc de Luxembourg, pair et maréchal de France, et de Madeleine-Charlotte-Bonne-Thérèse de Clermont-Tonnerre. Elle mourut le 2 juillet 1708.

TROISIÈME BRANCHE.

Marquis, puis ducs de Noirmoutier, éteints.

XIX. Claude DE LA TRÉMOÏLLE (1), baron de Noirmoutier et de Mornac, seigneur de Châteauneuf-sur-Sarthe, de Saint-Germain, de Buron, de la Roche-Diré, etc., chevalier de l'ordre du Roi, gentilhomme ordinaire de la chambre, cinquième fils de François Ier., sire de la Trémoïlle, vicomte de Thouars, et d'Anne de Laval, partagea, avec ses frères, les domaines de sa maison, le 6 novembre 1550, et en 1554. Il servit les rois François II et Charles IX pendant les premiers troubles de la religion, et mourut en 1566. Il avait épousé, le 23 février 1557, Antoinette DE LA TOUR-LANDRY, dame de Saint-Mars de la Jaille, dame d'honneur de la reine Catherine de Médicis, fille de Jean, baron de la Tour-Landry, comte de Châteauroux, seigneur de Bourmont, et de Jeanne Chabot. Elle était veuve, en premières noces, de René le Porc de la Porte, baron de Vezins, en Anjou. Elle épousa, en troisièmes noces, Claude Gouffier, duc de Roannais, grand-écuyer de France, dont elle fut la cinquième femme. Elle fit son testament le 20 mars 1585, et fut inhumée aux Cordeliers d'Angers, en la chapelle de Craon. Elle eut, de Claude de la Trémoïlle, un fils unique, qui suit.

DE LA TOUR-LANDRY : écartelé, au 1 d'or, à la fasce crénelée de gueules de 3 pièces, maçonnée de sable, qui est *de la Tour-Landry*; au 2 d'or, à 3 chabots de gueules, qui est *de Chabot*; au 3 d'or, à 3 fasces nébulées de gueules, qui est *de Maillé*; au 4 d'hermine plein, qui est *de Bretagne*; sur le tout parti *de Bourbon* et *de Chauvigny*.

XX. François DE LA TRÉMOÏLLE, IIe du nom, marquis de Noirmoutier, par lettres d'érection du mois d'octobre 1584, vicomte de Tours, baron de Châteauneuf et de Semblançay, seigneur de Mornac, de Montagu, de Mareuil, de Buron, de Craon, de la Ferté-Milon et de la Roche-Diré, chevalier de l'ordre du Roi, capitaine de cinquante hommes d'armes des ordonnances, servit très-utilement les rois Henri III et Henri IV pendant les guerres

---

(1) Il portait : parti de deux traits, coupés d'un ; au 1 *de la Trémoïlle*; au 2 *de Bourbon* ; au 3 *de Coëtivy* ; au 4 *de Milan* ; au 5 *de Laval* ; au 6 *d'Orléans*.

civiles du royaume. En 1583, il défendit l'île de Noirmoutier contre les ligueurs, et servit, en 1592, dans l'armée du prince de Conti, lorsque ce prince fut chargé de soumettre les provinces de Poitou, d'Anjou et de Berry. Il mourut au mois de février 1608, et fut inhumé aux Cordeliers d'Angers, en la chapelle de Craon. Il avait épousé, le 18 octobre 1584, Charlotte DE BEAUNE, dame de la Ferté-Milon, dame d'atours de la reine Catherine de Médicis, morte le 30 septembre 1617, et inhumée aux Célestins, à Paris. Elle était fille unique de Jacques de Beaune, baron de Semblançay, vicomte de Tours, seigneur de la Carte, chevalier de l'ordre du Roi, gentilhomme de la chambre, et de Gabrielle de Sade, et veuve de Simon de Fizes, baron de Sauve, conseiller d'état. François de la Trémoïlle laissa un fils unique, qui suit.

[...]e BEAUNE : [g]ueules, au chev[ron] d'argent, ac[com]pagné de 3 be[san]ts d'or.

XXI. Louis DE LA TRÉMOÏLLE, I.er du nom, marquis de Noirmoutier, baron de Châteauneuf et de Semblançay, vicomte de Tours, seigneur de la Roche-Diré, de la Carte et de la Ferté-Milon, chevalier de l'ordre du Roi, conseiller d'état, capitaine de cinquante hommes d'armes des ordonnances, fut nommé, le 15 juin 1613, lieutenant-général en haut et bas Poitou, Châtelleraudais, Loudunois, et en la ville de Poitiers. Il obtint ensuite d'autres lettres pour commander en chef, en l'absence du duc de Sully, gouverneur du Poitou, et du duc de Roannais, gouverneur de la ville de Poitiers. Il mourut à Paris, étant sur le point d'aller prendre possession de ces diverses charges, le 4 septembre de la même année 1613, à l'âge de vingt-sept ans, et fut inhumé aux Célestins, à Paris. Il avait épousé, le 13 mars 1610, Lucrèce BOUHIER, fille aînée de Vincent Bouhier, chevalier, baron du Plessis-aux-Tournelles, seigneur de Beaumarchais, trésorier de l'épargne, intendant de l'ordre du Saint-Esprit, et de Marie Hotman. Elle se remaria, en 1617, avec Nicolas de l'Hôpital, marquis, puis duc de Vitry, maréchal de France, gouverneur de Provence, et rendit son premier mari père de deux fils :

BOUHIER : [d]'azur, au chevron [d]'or, accompagné [e]n chef de 3 crois[s]ants d'argent, et [e]n pointe d'un rencontre de bœuf d'or.

1°. Louis II, dont l'article suit ;

2°. François de la Trémoïlle, baron de Châteauneuf, né posthume, mort le 27 novembre 1616, et inhumé aux Célestins.

XXII. Louis **de la Trémoïlle** (1), II.ᵉ du nom, marquis, puis duc de Noirmoutier, vicomte de Tours, baron de Semblançay et de Châteauneuf, seigneur de la Ferté-Milon, de la Roche-Diré, de Charsay, et de la Carte, conseiller aux conseils d'état et privé, lieutenant-général des armées du roi, naquit le 25 décembre 1612. Il fit ses premières armes comme volontaire, en 1635, dans le Luxembourg, contre les Espagnols, se trouva à la défaite du prince Thomas de Savoie, à Avein, le 20 mai, et servit aux siéges de Tirlemont et de Louvain. Nommé capitaine d'une compagnie au régiment de Bellefonds, il la commanda, en 1636, au siége de Corbie, et, en 1637, à ceux d'Yvoy et de Damvilliers, et à la défaite des Espagnols, près de Pont-de-Vaux, sous le vicomte de Turenne. L'année suivante, il servit sous le duc de Longueville; se trouva à la défaite du duc de Lorraine, à la prise de Poligny et au siége et à la réduction de Brisach. Il fit les campagnes de 1639, 1640 et 1641, sous le maréchal de la Meilleraye; combattit aux siéges de Lillers, de Hesdin, de Charlemont, de Mariembourg, d'Arras et de Perpignan. Il fit la campagne de 1643, en Allemagne, sous le maréchal de Guébriant; fut créé maréchal-de-camp, le 26 mai, et pourvu, le 5 juin, de la lieutenance générale au gouvernement d'Anjou. Il commanda un corps séparé en Allemagne; dirigea une des quatre attaques au siége de Rottweil, et se distingua à Tuttlingen, aux combats de Fribourg, et à la prise de Bingen, de Creutzenach et de Landau. Fait prisonnier à la bataille d'Etlingen, il rentra en France au mois d'octobre 1644. L'année suivante, le marquis de Noirmoutier se trouva, sous Monsieur, aux siéges et à la prise de Mardick, de Linck, de Béthune, de Lillers, de la Mothe, d'Armentières, du Quesnoy, de Warneton, de Commines, de Marchiennes, de Pont-à-Vendin, de Lens, d'Orchies, de l'Écluse et d'Arleux. Au mois de mars 1646, il se distingua dans l'expédition du maréchal de Gassion sur les quartiers du prince Charles de Lorraine. Le 13 mai, il prit le commandement des troupes de l'armée de Flandre qu'il réunit

---

(1) Louis II et ses enfants portaient : parti de 3 traits, coupé d'un ; au 1 *de France ;* au 2 *de Jérusalem ;* au 3 *d'Orléans ;* au 4 *de l'Empire ;* au 5 *de Luxembourg ;* au 6 *de Milan ;* au 7 *de Laval ;* au 8 *de Craon ;* sur le tout *de la Trémoïlle.*

à celles du roi. Il contribua à la reddition de Courtray, à la reprise du fort de Mardick, et à la réduction de Furnes et de Dunkerque. Le marquis de Noirmoutier fut blessé au siége de Dixmude, au mois de juillet 1647. Appelé, le 15 mai 1648, au commandement de la cavalerie de l'armée de Flandre, il concourut à la victoire de Lens et à la défaite des Espagnols par le grand Condé. Il commanda l'armée d'Anjou en 1649. Louis XIV, voulant récompenser les services de ce général, érigea son marquisat de Noirmoutier en duché-pairie, par lettres du mois de mars 1650, et transféra cette dignité sur la baronnie de Montmirail, le 8 février 1657. Promu au grade de lieutenant-général, le 7 juillet 1650, il fut employé, sous le maréchal du Plessis-Praslin, au secours de Guise; s'empara de Châteauneuf dans la nuit du 5 au 6 septembre; contribua à la reprise de Rethel sur les Espagnols, le 14 décembre, et, le lendemain, à la victoire remportée, sous les murs de cette place, sur don Estevan de Gamare, et le vicomte de Turenne. Employé à l'armée du maréchal d'Aumont, en 1651, il marcha au secours de Vintimille; fut ensuite nommé gouverneur de Charleville et du Mont-Olympe; et, le 11 avril 1653, contribua à la défaite des ennemis devant Couvains. Il reçut Louis XIV dans son gouvernement du Mont-Olympe, lorsque ce monarque revint du siége de Montmédy, en 1657, et mourut à Châteauvillain, le 12 octobre 1666. (*Dict. hist. des Généraux Français, t. IX, p.* 355.) Le duc de Noirmoutier avait épousé, au mois de novembre 1640, Renée-Julie AUBERY, morte le 20 mars 1679, fille unique de Jean Aubery, chevalier, seigneur de Tilleport, maître des requêtes, conseiller d'état ordinaire, et de Françoise le Breton de Villandry. Leurs enfants furent:

AUBERY: d'or à 5 trangles de gueules.

1°. Louis-Alexandre de la Trémoïlle, né en 1642, qui entra au service de Portugal, et fut tué dans la guerre contre les Espagnols, au mois de mars 1667;

2°. Antoine-François, dont l'article suit;

3°. Henri de la Trémoïlle, comte de Noirmoutier, tué au combat de Seneff, le 11 août 1674;

4°. Joseph-Emmanuel de la Trémoïlle, abbé de Lagny, de Sorèze, de Haute-Combe en Savoie, de Grandselve, de Saint-Arnaud, près de Tournay, et de Saint-Étienne de Caen. Il fut nommé auditeur de rote à Rome, en 1693, charge qu'il remplit avec autant de capacité que d'intégrité. Créé cardinal du titre de la Trinité-du-Mont, par le pape Clément XI, le 17 mai 1706, il fut chargé des affaires de France à Rome, au départ du cardinal de Janson. Louis XIV le nomma commandeur de l'ordre du Saint-Esprit, le 27 mai 1708; évêque de Bayeux, au mois de janvier 1716; puis, au mois d'avril suivant, archevêque, prince de Cambray. Le pape Clément XI le sacra à Rome, le 30 mai 1719, assisté des cardinaux Tanare, Paulucci, Pignatelli, Ottoboni, Albani et Olivieri. Il mourut à Rome, le 9 janvier 1720;

5°. Robert de la Trémoïlle, mort en 1670, à l'abbaye de Jard, près Melun, étant muet;

6°. Anne-Marie de la Trémoïlle, mariée 1°. en 1659, avec Adrien-Blaise *de Talleyrand*, prince de Chalais, marquis d'Exideuil, mort au village de Mestre, près Venise, en 1670, fils de Charles de Talleyrand, IIe. du nom, prince de Chalais, marquis d'Exideuil, comte de Grignols, et de Charlotte de Pompadour; 2°. au mois de février 1675, avec Flavio *Ursini*, duc de Bracciano et de San-Gemini, grand d'Espagne, chevalier de l'ordre du Saint-Esprit, fils de Ferdinand Ursini, duc de San-Gemini, et de Justinienne Ursini. Elle fut camera-major de la reine d'Espagne, et connue sous le nom de la *princesse des Ursins*. Elle mourut à Rome, le 5 décembre 1722;

7°. Yolande-Julie de la Trémoïlle, morte à Paris, le 10 mai 1693, veuve de François *de la Trémoïlle*, IIe. du nom, marquis de Royan, comte d'Olonne, qu'elle avait épousé le 31 décembre 1675;

8°. Louise-Angélique de la Trémoïlle, mariée, au mois de novembre 1682, avec Antoine *de la Rovère*, duc de Lanti, prince de Belmare, chevalier des ordres du Roi, fils d'Hippolyte de la Rovère de Lanti, et de Christine d'Altemps. Elle mourut à Paris, le 25 novembre 1698, et le duc de Lanti à Rome, le 5 mai 1716;

9°. Charlotte de la Trémoïlle, qui vivait en 1668.

XXIII. Antoine-François DE LA TRÉMOÏLLE, duc de Royan, connu sous le nom de duc de Noirmoutier, seigneur de la Ferté-Milon, etc., né aveugle, et destiné à l'état ecclésiastique, quitta le séminaire à la mort de son frère aîné, et obtint l'érection de son marquisat de Royan, en titre de duché, par lettres-patentes du 19 avril 1707, registrées au parlement le 19 mai suivant, et mourut à Paris, sans postérité, le 18 juin 1733. Il avait épousé 1°. au mois de février 1688, Marguerite DE LA GRANGE-TRIANON, morte le 20 août 1689, fille de Louis de la Grange-Trianon, seigneur de Marconville, président aux requêtes du parlement de Paris, et de Marguerite Martineau; 2°. le 22 mai 1700, Marie-

LA GRANGE-TRIANON: de gueules, au chevron d'argent, chargé d'un chevron vivré de sable, et accompagné de 3 étoiles d'or.

Duret de Chevry : d'azur, à 3 diamants taillés en losange d'argent, châtonnés d'or ; en cœur un souci d'or, tigé de sinople.

Elisabeth Duret de Chevry, morte à Paris, le 13 septembre 1733, fille de François Duret, chevalier, seigneur de Chevry et de Villeneuve, président en la chambre des comptes de Paris, et de Marie-Elisabeth Bellier de Platbuisson.

QUATRIÈME BRANCHE (1).

Seigneurs d'Uchon et de Bourbon-Lancy, comtes de Joigny, éteints.

XIII. Guillaume de la Trémoïlle, IIe. du nom, chevalier, seigneur d'Uchon, d'Epoisses, de Bourbon-Lancy et d'Antigny, conseiller et chambellan des rois Charles V et Charles VI, et du duc Philippe-le-Hardi, souverain-capitaine de ses gens d'armes et maréchal de Bourgogne, second fils de Gui V, sire de la Trémoïlle, grand panetier de France, et de Radegonde de Guenand, naquit vers l'an 1345. Il fit ses premières armes en 1370, en qualité d'écuyer dans la compagnie de Gui du Tremblay, chevalier. En 1377, Jean de Neufchâtel, seigneur de Villafans, frère de la comtesse Isabelle de Neufchâtel, ayant pris le parti du comte de Montbéliard contre le duc de Bourgogne, son suzerain, entra dans le duché à la tête de ses gens d'armes, et ravagea tout ce qu'il soumit sur son passage. Guillaume de la Trémoïlle, alors chambellan du duc, s'étant joint à Gui VI, sire de la Trémoïlle, son frère, marcha au-devant de ce seigneur rebelle ; et, de concert, ils défirent complètement ses troupes et le firent prisonnier de guerre. Ces faits sont rappelés dans des lettres du duc de Bourgogne du 15 août 1378, par lesquelles il accorda un don considérable à ces deux frères, pour les indemniser des frais de cette guerre, et les récompenser d'un service aussi important. (*Hist. de Bourgogne, t. II, p.* 54.) La même année 1377, Guillaume de la Trémoïlle fut nommé capitaine des gens d'armes du duc Philippe-le-Hardi, qu'il accompagna en Picardie contre les Anglais. Il combattit d'une manière si remarquable à Rosebecq, le 27 novembre 1382, contre les Gantais révoltés, qu'il fut armé chevalier sur le champ de bataille. Il est qualifié cham-

(1) Cette branche portait les armes *de la Trémoïlle*, sans écartelures.

bellan du roi, dans l'acte d'un don que lui fit Charles VI au mois de juin 1383. Le 13 septembre 1386, Philippe-le-Hardi, duc de Bourgogne, nomma Guillaume de la Trémoïlle et Gui, sire de la Trémoïlle, son frère, exécuteurs de ses volontés testamentaires, conjointement avec le roi, le duc de Berry, la duchesse de Bourgogne, le comte de Nevers, le duc de Bourbon, le chancelier de Dauphiné, Jean de Vienne, amiral de France, Jean Canard, chancelier de Bourgogne, le comte de Bourgogne, Gui de Pontailler, maréchal, Anseau de Salins et Oudard de Chazeron (*Ibid. p.* 96). Il était souverain capitaine des gens d'armes de Bourgogne, en 1387, époque à laquelle le roi Charles VI et le duc Philippe-le-Hardi l'envoyèrent avec une armée au secours de Jeanne, duchesse de Brabant, attaquée par les Anglais. Il accompagna Philippe dans son expédition contre le duc de Gueldre, dont il ravagea les états. En 1388, il servit en Allemagne; et, l'année suivante, il signa, avec plusieurs princes et seigneurs considérables, le contrat de mariage de Gaston, comte de Foix, seigneur de Béarn, avec Jeanne, comtesse de Boulogne et d'Auvergne. En 1390, Guillaume de la Trémoïlle accompagna le duc de Bourbon dans son expédition d'Afrique; succéda, en 1395, à Gui de Pontailler dans la dignité de maréchal de Bourgogne; accompagna le duc de Bretagne, en 1394, puis, en 1396, Jean, comte de Nevers, en Hongrie, et fut fait prisonnier (et non pas tué, comme le dit Froissart) à la bataille de Nicopolis, le 28 septembre. Conduit à Burse, en Bithynie, il fut présent, avec plusieurs autres chevaliers, au codicille qu'Enguerand VII, sire de Coucy, fit, dans cette ville, le 18 février 1397 (n. st.). Il paraît que Guillaume de la Trémoïlle mourut en captivité. Il avait épousé Marie DE MELLO, dame d'Uchon, d'Epoisses et de Bourbon-Lancy, fille et héritière de Gui de Mello, seigneur des mêmes terres et de Givry, et d'Agnès de Cléry. De ce mariage sont provenus :

DE MELLO : d'or, à deux fasces de gueules, accompagnées de 8 merlettes du même en orle, 3, 2 et 3.

1°. Guillaume de la Trémoïlle, seigneur d'Uchon, qui servait en Guienne, avec neuf écuyers, au mois d'août 1398, et mourut célibataire;

2°. Philippe de la Trémoïlle, seigneur de Montréal, tué à Nicopolis, le 28 septembre 1396. Il n'eut point d'enfants d'Éléonore *de Culant*, sa femme, fille d'Eudes, seigneur de Culant en Berry, et de Marguerite de Joinville, sa seconde femme. Elle épousa, en secondes noces, Guichard *Dauphin*, IIe. du nom, seigneur de Jaligny et de la Ferté-Chaudron en Nivernais, grand-maître de France, gouverneur de Dauphiné, tué à Azincourt, en 1415;

3°. Gui VI, dont l'article suit;

4°. Jean de la Trémoïlle, co-seigneur d'Uchon, qui servit dans la guerre contre les Liégeois, révoltés contre Jean de Bavière, leur évêque, et fut tué, le 13 septembre 1408, dans la bataille livrée près de la ville de Tongres. Le duc de Bourgogne ordonna que son corps fût transféré à Maëstricht, pour y être inhumé;

5°. Jeanne de la Trémoïlle, femme de Jean, seigneur *de Rochefort* en Iveline, de Rochefort en Anjou, de Rochefort-sur-Armançon, de Rochefort-sur-Brinon, de Châtillon-en-Bazois et du Puiset;

6°. Marguerite de la Trémoïlle, mariée, le 12 octobre 1391, avec David, IIe. du nom, baron *d'Auxy*, surnommé *de Famechon*, seigneur de Hangest, conseiller et chambellan du roi Charles VI, fils aîné de Jean III, sire ou baron d'Auxy, et de Catherine de Melun. Il accompagna le roi au second voyage qu'il fit en Flandre, en 1383, puis, en 1408, le duc de Bourgogne contre les Liégeois, et fut tué à la bataille d'Azincourt, en 1415;

7°. Alix de la Trémoïlle, dame de Givry, qui était mariée, en 1410, avec Jean *de Cottebrune*, chevalier, maréchal de Bourgogne;

8°. Bonne de la Trémoïlle, dame de Givry après sa sœur Alix, mariée avec Mathieu *de Longwy*, seigneur de Raon, fils unique de Jean de Longwy, seigneur de Beaumont-sur-Cerin, et de Fontaine-Française, et de Henriette de Vergy. Elle mourut le 20 septembre 1434, et fut inhumée aux Cordeliers de Dôle.

XIV. Gui DE LA TRÉMOÏLLE, VIe. du nom, chevalier, comte de Joigny, baron de Bourbon-Lancy, seigneur d'Uchon, d'Antigny, de Pouilly, de Prémartin, de Césy et de la Ferté, suivit le parti du duc de Bourgogne contre la maison d'Orléans, et fit partie du conseil convoqué à Rouvres au mois d'avril 1410, par la duchesse Marguerite, pour administrer le duché pendant l'absence de Jean-sans-Peur. En 1412, il eut un commandement dans l'armée qui fut opposée aux princes ligués, notamment au comte de Tonnerre (*Hist. de Bourg. t. III*, *p.* 310, 341). Ce seigneur fut un de ceux qui contribuèrent le plus à sauver la Bourgogne des désastres dont elle était menacée; mais le comté de Joigny, se trouvant sur les limites de ce duché, souffrit beaucoup des hostilités du parti opposé aux Bourguignons, et fut presqu'entièrement dévasté. Pour dédommager Gui de la Trémoïlle, le roi d'Angleterre, alors régent de France, fit expédier au nom de Charles VI, des lettres patentes datées de St.-Faron-lès-Meaux, le 24 janvier 1421 (V. St.), qui lui adjugèrent les châtellenies de la Loupière, de Brion, de Brécy, de Vieuxchamp, de Chambre, de la Grange et de Cervoise; lettres dans lesquelles le roi le qualifie de *cousin*. L'an 1423, Gui de la Trémoïlle et le maréchal de Toulongeon, à la tête de 4,000 chevaux, volent au secours de Crévant, dans l'Auxerrois, assiégé par le dauphin (depuis Charles VII), et défendu par le sire de Châtelus. Ayant été joint par les comtes de Suffolck et de Salisbury, ils livrent bataille, le 31 juillet, à l'armée du dauphin, qui fut battue. Gui de la Trémoïlle mourut avant l'an 1438. Il avait épousé, en 1409, Marguerite DE NOYERS, comtesse de Joigny, dame d'Antigny, de Pouilly et de Prémartin, fille de Louis de Noyers, comte de Joigny, et de Jeanne de Joinville, et petite-fille de Miles de Noyers, comte de Joigny, et de Marguerite de Ventadour, dame d'Antigny. De ce mariage sont issus :

DE NOYERS : d'azur, à l'aigle d'or.

1°. Louis de la Trémoïlle, comte de Joigny, baron de Bourbon-Lancy, seigneur d'Antigny, d'Uchon et de Prémartin, qui suivit le roi Charles VII au siége de Pontoise, en 1441. Il mourut sans avoir été marié, et sa succession fut partagée, le 4 juin 1467, entre les enfants de ses deux sœurs;

2°. Jeanne de la Trémoïlle, comtesse de Joigny, mariée avec Jean *de Châlons*, sire d'Arlay, baron de Vitteaux, de Chevannes et de l'Orme, troisième fils de Jean de Châlons, sire d'Arlay, et de Marie de Baux, princesse d'Orange. Elle mourut en 1454, et fut inhumée à côté de son époux, dans l'abbaye de Vezelay;

3°. Claude de la Trémoïlle, dame d'Antigny et de Bourbon-Lancy, mariée, le 15 janvier 1434, avec Charles *de Vergy*, chevalier, seigneur d'Autrey, de Vaugrenant, de Fonvent, de Champlitte, d'Arc et de Frolois, sénéchal de Bourgogne, fils de Jean de Vergy, chevalier, seigneur des mêmes lieux, et d'Antoinette de Salins. Elle fit son testament le 2 août 1438, mourut le surlendemain, et fut inhumée au monastère de Tulay, en la chapelle des seigneurs de Vergy. Son mari épousa, en secondes noces, Marguerite de Cusance, veuve de Gui de Pontailler, seigneur de Talmey, chevalier de la Toison-d'Or et maréchal de Bourgogne. Il mourut, en 1467, avec une grande réputation d'expérience dans l'art militaire et de générosité. Son corps fut inhumé près de celui de sa première femme.

CINQUIÈME BRANCHE (1).

Barons de Dours et d'Engoutsen, éteints.

XIII. Pierre DE LA TRÉMOÏLLE, IIe. du nom, chevalier, baron de Dours et d'Engoutsen, seigneur de Planguyères, de Cloué, de Hubessen et de Sangueville, conseiller et chambellan du roi Charles VI et de Philippe-le-Bon, duc de Bourgogne, en 1390, troisième fils de Gui V, sire de la Trémoïlle, et de Radegonde de Guenand, reçut de Jean Le Flament, trésorier des guerres, 500 francs d'or pour ses appointements militaires et ceux des hommes d'armes qu'il avait sous sa charge. Il est qualifié protecteur de l'abbaye de Luxen, dans un titre du 17 juillet 1397. Le 3 août de la même année, le duc de Bourgogne lui donna une pension de 1,000 francs d'or, à prélever chaque année sur la recette du bailliage d'Auxois. Au mois de septembre 1402, il accompagna ce prince en son voyage à Nantes; et fut envoyé, en 1410, vers le roi, à Etampes, pour concerter avec ce monarque les mesures à prendre pour rompre la ligue de Gien (*Hist. de Bourg, t. III, p.* 241, 306). Il acquit la baronnie de Dours en 1413, et vivait encore en 1426. Il avait épousé, en 1402, Jeanne DE LONGVILLIERS, dame baronne d'Entgoutsen, dame de Hubessen et de Sangueville, fille de Jean de Longvilliers, seigneur des mêmes lieux, et de Marie de Boulleucourt. En faveur de ce mariage et pour indemniser Pierre de la Trémoïlle des frais du voyage de Bretagne, le duc de Bourgogne lui fit don de 10,000 livres, et de deux autres sommes, l'une de 2.000 écus d'or pour acheter une maison à Arras, et l'autre de 600 écus d'or pour acheter de la vaisselle d'argent le lendemain de ses noces (*Ibid. p.* 189). De ce mariage sont issus :

DE LONGVILLIERS: écartelé, aux 1 et 4 d'or, à la croix ancrée de gueules, qui est *de Longvilliers*; aux 2 et 3 d'azur, semés de fleurs de lys d'or, au lion naissant d'argent, qui est *de Soissons-Moreuil*.

1°. Jean Ier., dont l'article suit;
2°. Lancelot de la Trémoïlle, seigneur de Hubessen, mort célibataire;
3°. Gui de la Trémoïlle, décédé sans postérité;
4°. Marguerite, *aliàs*, Isabelle de la Trémoïlle, femme de Jean *de Hornes*, seigneur de Houtkerque, de Locres, de Hébuterne, de Gaesbecke, vicomte de Berghes-Saint-Vinox, sénéchal de Brabant, et l'un

(1) Cette branche portait : *de la Trémoïlle*, et pour brisure une fleur de lys d'argent sur le chevron.

des généraux de Philippe le Bon, duc de Bourgogne, fils d'Arnoul de Hornes, seigneur des mêmes lieux, et de Jeanne de Hondtschoote, dame de Houtkerque. En 1439, elle avait été choisie par le duc de Bourgogne, avec la comtesse de Namur, pour aller recevoir, à Cambray, Catherine de France, fille du roi Charles VII, lorsque cette princesse vint épouser le comte Charolais. Elle resta veuve peu de temps avant l'année 1452; elle était, en 1468, première dame d'honneur de Marguerite d'York, épouse du duc de Bourgogne Charles le Téméraire;

5°. Agnès de la Trémoïlle, mariée le 15 novembre 1438 avec Philibert *de Jaucourt*, chevalier, seigneur de Villarnoul, du Vaux, de Mareau, etc., dont elle était veuve sans enfants, en 1462. Il était fils aîné de Gui de Jaucourt, seigneur des mêmes lieux, conseiller et chambellan du duc de Bourgogne et de Jeanne de Damas. Elle fit son testament en 1488, et donna les deux tiers de ses biens à Agnès du Plessis, femme de Jean de Jaucourt, seigneur de Villarnoul, neveu de son mari, et l'autre tiers à Marguerite de la Trémoïlle, sa nièce, femme du seigneur de Crèvecœur;

6°. Jacqueline de la Trémoïlle, mariée 1°. avec Philippe *de Toulongeon*, nommé chevalier de la Toison-d'Or, en 1432, mort en Palestine, où il était allé en pèlerinage; 2°. en 1439, à Jean *de Luxembourg*, bâtard de Saint-Pol, seigneur de Hautbourdin, chevalier de la Toison-d'Or, l'un des plus célèbres capitaines de son temps, fils naturel de Waleran de Luxembourg, comte de Saint-Pol et de Ligny, connétable de France, et d'Agnès de Brie.

XIV. Jean DE LA TRÉMOÏLLE, Ier. du nom, chevalier, baron de Dours et d'Engoutsen, seigneur d'Allonville et de la Motte en Santerre, fut armé chevalier, en 1452, par Jean, seigneur de Croy, chef de l'arrière-garde de l'armée du duc de Bourgogne, lors de l'attaque de l'armée des Gantais révoltés. Il paraît qu'il mourut la même année; du moins il est certain qu'il ne vivait plus en 1453. Il avait épousé 1°. Renaude de MELLO, fille de Louis de Mello, chevalier, seigneur de Saint-Parise, et de Jeanne d'Aumont; 2°. Jeanne DE CRÉQUY, fille de Jean V, sire de Créquy et et de Canaples, surnommé l'Etendart, et de Jeanne de Roye. Elle vivait encore en 1466, et fut mère d'un fils et de quatre filles:

DE MELLO: comme à la p. 69.

DE CRÉQUY: d'or, au créquier de gueules.

1°. Jean II, dont l'article suit;

2°. Jeanne de la Trémoïlle, troisième femme de Josse *de Hallwin*, chevalier, seigneur de Piennes, de Bassecrode, etc., conseiller et chambellan des ducs Philippe le Bon et Charles le Téméraire, souverain bailli de Flandre, fils puîné de Jean, seigneur de Hallwin, et de Jacqueline de Ghistelles. Elle fut mariée par contrat du 13 septembre 1449, et mourut au mois de mars 1470. Josse de Hallwin lui survécut jusqu'au 24 septembre 1472;

3°. Marguerite de la Trémoïlle, dame d'Esquerdes, mariée 1°. avec Philippe *du Bos d'Annequin*, fils de Jean, seigneur du Bos, et de Catherine de Poix; 2°. avec Jacques *de Crèvecœur,* chevalier, seigneur de Thois, de Thiennes et de Calonne, gentilhomme ordinaire de la chambre de Philippe le Bon, duc de Bourgogne, membre de son conseil, chevalier de l'ordre de la Toison-d'Or, et bailli d'Amiens, plénipotentiaire au traité d'Arras, et successivement ambassadeur du duc en Angleterre et en France. Il était veuf de Bonne de la Viefville, dame de Thiennes et de Thois, et fils de Jean de Crèvecœur, et de Blanche de Saveuse;

4°. Jeanne de la Trémoïlle, femme de Jean *de Rouvroy*, chevalier, seigneur de Saint-Simon et de Rasse, fils de Gaucher de Rouvroy, seigneur de Saint-Simon, et de Marie de Sarrebruck, dame de Commercy;

5°. Louise de la Trémoïlle, épouse de Jean *de Saint-Severin*, comte de Conversan. De leur mariage sont sortis les princes de Salerne et de Besignan, et les ducs de Venouse et d'Amalfi, au royaume de Naples.

XV. Jean DE LA TRÉMOÏLLE, IIe du nom, baron de Dours, d'Engoutsen et de la Motte en Santerre, seigneur d'Allonville, etc., accompagna Charles, comte de Charolais, lorsque ce prince alla à Bruxelles, au-devant de Philippe le Bon, duc de Bourgogne, qui revenait de la conquête du Luxembourg. Il épousa Marguerite DE CONTAY, fille de Guillaume, seigneur de Contay, en Picardie, premier maître-d'hôtel du duc de Bourgogne, et de Marguerite, dame de Lully. Ils ont eu pour fille unique :

DE CONTAY : ...cé d'argent et de ...ules ; à la bordure d'azur.

Marguerite de la Trémoïlle, dame de Dours, d'Engoutsen et de la Motte-en Santerre, femme d'Antoine, seigneur *de Crèvecœur*, de Thiennes, de Calonne et de Thois, grand louvetier de France, puis gouverneur d'Arras, fils de Jacques de Crèvecœur, chevalier, seigneur des mêmes lieux, et de Bonne de la Viefville, sa première femme. Elle vivait encore le 16 mai 1496, ayant alors la tutelle de ses enfants.

SIXIÈME BRANCHE.

Seigneurs de Fontmorand, éteints.

XII. Amiel ou Amé DE LA TRÉMOÏLLE, chevalier, seigneur de Fontmorand, de Signac, de Pressac et de Vouhec, second fils de

Gui IV, sire de Château-Guillaume, et d'Alix, dame de Vouhec, fut substitué à Gui V, son frère aîné, par le codicille de leur père, de l'an 1327. Ces deux frères partagèrent la succession paternelle en 1377, et Gui VI, neveu d'Amiel, lui légua 500 francs d'or par un premier testament, qu'il fit le 19 avril 1393. Amiel avait épousé Jeanne DE POCQUIÈRES, de la maison des seigneurs de Belabre, en Poitou. De ce mariage sont issus :

DE POCQUIÈRES : d'argent à 5 fusées et deux demies accolées en fasce.

1°. Jacques de la Trémoïlle, qui servit en Flandre, et se trouva à la prise d'Oudenarde, en 1384;
2°. Jean, dont l'article suit;
3°. Louis de la Trémoïlle, conseiller de Philippe, duc de Bourgogne, élu évêque de Tournay, en 1389. Il fit son testament, le 31 juillet 1410, et mourut à Paris, le 5 octobre de la même année;
4°. Persuie de la Trémoïlle, mariée 1°. avec Jean *de Brillac*, chevalier, seigneur de Mons en Loudunois; 2°. le 2. novembre 1411, avec Hebles, seigneur *de la Roche-Bernard*, chevalier.

XIII. Jean DE LA TRÉMOÏLLE, surnommé *Trouillart*, seigneur de Fontmorand, fut nommé, en 1410, exécuteur du testament de Louis, évêque de Tournay, son frère. Il épousa Jacquette D'ORADOUR, fille d'André d'Oradour, chevalier, de laquelle il laissa Aimé, qui suit.

D'ORADOUR : d'or, à la croix vidée, clechée et pommetée de gueules.

XIV. Aimé DE LA TRÉMOÏLLE, chevalier, seigneur de Fontmorand, épousa Anne DE MORTEMART, de laquelle il eut :

DE MORTEMART : d'or, au chef de gueules; au pal de vair, brochant sur le tout.

1°. Antoine de la Trémoïlle, qui servait, en qualité d'homme d'armes, dans la compagnie du comte de Penthièvre, seigneur de Sainte-Sevère, en 1455;
2°. André, dont l'article suit.

XV. André DE LA TRÉMOÏLLE, seigneur de Fontmorand, vivait en 1480. Il est nommé dans un titre de l'évêque de Poitiers, de l'an 1480, et est qualifié cousin de Louis de la Trémoïlle, comte de Benon. Il fut père de Philippe, qui suit.

N.....

XVI. Philippe DE LA TRÉMOÏLLE, seigneur de Fontmorand, vivait lors du mariage de Gabrielle, sa fille, de l'an 1523. Il avait épousé Marguerite DE SALIGNAC DE LA MOTHE-FÉNÉLON, de laquelle il eut :

DE SALIGNAC : d'or, à 3 bandes de sinople.

1°. Claude, dont l'article suit;

2°. Gabrielle de la Trémoïlle, mariée, le 7 juillet 1523, avec René *d'Aloigny*, chevalier, seigneur de Rochefort.

D'AUBUSSON : d'or, à la croix ancrée de gueules.

XVII. Claude DE LA TRÉMOÏLLE, seigneur de Fontmorand, décédé en 1539, avait épousé Madeleine d'AUBUSSON, fille de Jean d'Aubusson, seigneur de la Feuillade, de la Villedieu et de Gencieux, et de Jeanne, dame de Vouhec. Il fut père de :

POT : d'or, à la fasce d'azur.

XVIII. François DE LA TRÉMOÏLLE, seigneur de Fontmorand, de Châtelet et de Chassingrimont, qui ne vivait plus le 4 février 1584. Il avait épousé Marguerite POT, fille de François Pot, chevalier, seigneur de Chassingrimont, et de Gabrielle de Rochechouart. Il ne laissa que deux filles :

1°. Marguerite de la Trémoïlle, dame de Fontmorand, mariée avec Charles *Pot*, seigneur de Chemeaux en Gâtinais, fils de Guyot Pot, seigneur du même lieu, et de Marie de Hangest ;

2°. Louise de la Trémoïlle, dame de Châtelet, de Chassingrimont et de la Renousière, femme de Guillaume *d'Aubusson*, chevalier, seigneur de Soliers, fils puîné de François d'Aubusson, seigneur de la Feuillade, et de Louise Pot de Chemeaux.

www.ingramcontent.com/pod-product-compliance
Ingram Content Group UK Ltd.
Pitfield, Milton Keynes, MK11 3LW, UK
UKHW020319220726
13923UKWH00003B/1243

9 782019 718923